작가 본연의 글맛을 살리기 위해 한글 맞춤법에 맞지 않는
일부 표현을 수정하지 않았습니다

거리를 두었더니, 마음이 가까워졌다

조금 멀어져야, 더 오래 남는 중년의 인간관계

거리를 두었더니, 마음이 가까워졌다

황상열 지음

마음세상

프롤로그_ 사람은 떠나도 마음은 남는다 • 11

1장 만남과 이별 사이에서 흔들리는 당신에게

어떤 사람과 친해지기 위해서는 시간이 필요하다 • 15

기대하는 것이 없으면 상처도 없다 • 20

헤어지는 것을 두려워하지 마라 • 24

인연은 시절마다 다르다 • 28

인연은 오래가지 않는다 • 32

떠나간 인연을 그리워하지 않기로 했다 • 36

언젠가 다시 만날 인연은 돌아온다 • 39

깊은 상처는 가까운 사람에게 받는다 • 43

관계에서 고통에서 벗어나는 유일한 방법 • 48

2장 때론 거리를 두어야 가까워지는 사이

살아보니 관계에서 중요한 것은 "적당한 거리" • 54

비교가 관계를 망친다 • 58

단호하게 표현하는 일도 중요하다 • 63

상대방의 마음을 억지로 열려고 하지 말자 • 67

중년이 되어 상처 주기 위해 거리 두는 법 • 71

중년 이후 인간관계는 "가볍게 그러나 따뜻하게" • 75

이제야 알게 된 관계의 무게와 거리 • 79

편한 것과 선 넘는 것은 다르다 • 84

만약 상대방에게 짜증을 내고 있다면 이것 때문이다 • 89

3장 혼자가 되는 시간이 필요한 이유

혼자가 된다는 것은 또 다른 기회가 될 수 있다 • 94

감정 쓰레기통에 빠지거나 버리지도 말자 • 98

내가 생각해서 하는 말인데 • 103

인간관계로 힘들어하는 사람이 알아야 할 5가지 법칙 • 107

중년 이후 갖추면 좋은 인간관계론 • 111

중년 이후 인간관계는 줄이면 좋은 이유 • 115

나 자신이 이 세상에서 가장 친한 친구다 • 119

혼자가 익숙해질 나이, 관계를 다시 돌아보다 • 123

중년의 삶, 단순한 게 좋다 • 127

4장 적으면 괜찮아, 깊으면 충분해

많은 인연보다 깊은 인연이 그리운 나이 • 132

소중한 사람은 멀리 있지 않다 • 136

나를 이해하는 단 한 사람을 위해 • 140

중년의 우정, 침묵 속에서도 이어지는 마음 • 144

괜찮아 한마디가 큰 위로가 되는 시절 • 147

누군가의 편안한 사람이 되고 싶다 • 151

인간관계에 상처 받은 사람들에게 하고 싶은 말 • 155

좋은 관계를 오래 유지하기 위해서는 • 159

멀어지는 사람들과 붙잡고 싶은 사람들 • 163

5장 결국 곁에 남는 건 마음이 편한 사람들

노자가 말하는 인간관계 5계명 • 169

감사함이 없는 사람도 곁에 두지 말자 • 174

상대방을 바꾸는 일은 어렵다 • 178

인맥은 내가 잘되면 알아서 만들어진다 • 182

더 이상 관계에 목매달지 말자 • 186

의무감으로 누군가에게 자신의 시간을 내주지 말자 • 190

이런 사람이 옆에 있으면 관계를 빨리 그만두자 • 194

나이가 들수록 내 사람이 적어지는 이유 • 198

같이 늙어간다는 친구가 있다는 축복 • 202

에필로그. 관계도 삶도 빼기가 필요한 순간이 온다 • 206

비평_타자와 주체의 간극 | 김지연 • 209

프롤로그

사람은 떠나도 마음은 남는다

어느 날, 문득 생각이 났다.

"그 사람, 잘 지내고 있을까?"

오래된 친구, 한때 매일 같이 연락하던 선배, 매주 얼굴 보던 동료…. 시간이 흐르면서 내 곁을 조용히 떠나간 사람들이다.

어떤 작별은 말없이 이뤄졌다. 어떤 이별은 조용한 거리두기로 마무리되었다.

하지만 이상하게도, 그들의 얼굴이 가끔 떠오를 때가 있다.

마음 한쪽에 아직 남아 있는 무언가가 있다는 듯이.

우리는 중년이 되며 수많은 관계를 지나온다.

처음엔 '함께하는 사람'이 많을수록 든든한 줄 알았다. 그 수가 곧 나의 가치라고 믿었다.

하지만 살아보니 꼭 그렇지만은 않았다. 세월이 쌓이고 마음이 다쳐본 후에야 깨닫는다.

'많은 관계'보다 '편한 관계'가, '가깝게 지내는 사이'보다 '적당히 거리를 둔 사이'가 오히려 오래 가는 법이라는 것을.

어느 순간부터는 관계도 삶처럼 정리할 줄 알아야 한다.

무엇을 더해야 할지가 아니라, 무엇을 덜어내야 마음이 편한지를 고민하게 된다.

지금 당신이 '관계'로 지치고 있다면, 괜찮다.

그건 당신이 나를 돌보는 연습을 시작했다는 뜻일지도 모른다.

우리가 살아가는 동안 모든 인연을 끌어안을 수는 없다.

놓아야 할 때, 놓을 줄 아는 것도 사랑이고 성숙이다.

이 책은 중년이라는 시기를 통과하며 관계에 지친 마음을 다독이고 싶은 당신을 위한 이야기다.

때로는 거리를 두는 용기, 때로는 홀로 남는 시간을 사랑하는 법, 그리고 결국 나에게 남겨지는 '한 사람'의 진심에 대해 이야기한다.

1장에서는 만남과 이별 사이에서 흔들리는 우리의 감정을 돌아본다.

2장은 관계를 오래 지키기 위해 필요한 '적당한 거리'에 대해 다루고 있다.

3장은 혼자가 되는 시간이 주는 선물과 의미를 이야기한다.

4장은 적어도 괜찮고, 깊으면 충분한 인연에 대해 생각해 보고,

5장은 결국 마음이 편한 사람이 곁에 남는다는 사실을 되새긴다.

이 책이 당신의 관계에 조용한 쉼표 하나가 되기를,

그리고 무엇보다 당신 자신을 더 따뜻하게 안아주는 시간이 되기를 바란다.

2025. 8.

저자 황상열

# 1장

만남과 이별 사이에서 흔들리는 당신에게

어떤 사람과 친해지기 위해서는 시간이 필요하다

몇 달 전 한 후배가 고민이 있어 연락했다. 무슨 일인지 스마트폰 너머로 들리는 목소리가 침울하다. 웃으면서 어떤 걱정이라도 있으면 솔직하게 털어놓으라고 했다. 한참 머뭇거리다가 후배는 천천히 입을 열기 시작했다.

"형님, 얼마 전 소개팅으로 만난 여자와 만났을 때 분위기가 좋았어요. 두세 번 더 만났어요. 이제 좀 더 발전적인 관계로 가고 싶었는데, 갑자기 여자가 연락하지 말라고 아침에 연락받았어요. 상대방도 저에게 호감이 있는 줄 알았는데, 아니었나 봐요."

"네가 너무 연락을 자주 했던 것 아니야? 좀 급하게 밀어붙인 건 아니고?"

"아니요. 첫 소개팅 이후 '잘 들어갔냐?'고 하고, 매일 아침에 '출근 잘했냐?', 점심에 '점심 맛있게 먹어라.' 등 주기적으로 연락했어요. 답장이 좀 늦긴 했지만, 그래도 꼬박꼬박 오다 보니 당연히 호감이 있다고 느꼈지요. 그래서 3번 정도 만나고 고백하려고 했는데."

"정말 너는 마음에 들었나 보네. 그런데 아직 연인 사이로 발전하지 않았는데도 너무 매일 자주 연락한 것은 아닌지 모르겠다. 나도 연애 전문가는 아니지만, 아직 사귀지도 않는데 그런 연락을 계속 받으면 상대방이 부담 갖지 않았을까? 내가 살아보니 누구와 친해지려면 시간이 걸리는 것 같아."

"너무 연락을 자주 했나? 연애는 왜 이리 어려운지 모르겠네요. 마흔이 넘어서 밀고 당기는 것도 힘들고. 이제 그냥 혼자 살아야겠어요."

"나도 그래. 꼭 연애만 아니라 나이가 들면서 새로운 사람과 친해지는 게 어렵더라. 기존 알고 지낸 사람도 잘 못 챙기고 떠나는데, 너무 힘들어하지 말고, 너 자신부터 잘 챙겨. 앞으로 어떤 사람을 만나든지 시간을 가지면서 천천히 알아가는 게 중요하지 않을까?"

이 이야기를 끝으로 통화를 끝냈다. 스마트폰을 내리고 나서도 한

참 마음이 좋지 않았다. 또 인간관계에 대해 곱씹게 되었다. 나도 처음 만나는 사람과 쉽게 친해지지만, 오래 유지하는 것이 스트레스다. 사람을 많이 접하고 만나다 보니 오래 만나고 싶은 사람, 한 번 만나고 끝내도 되는 사람 등이 누구인지 금방 판단할 수 있다. 사람을 가려 만나면 되지 않지만, 나이가 들면서 쓸데없는 인연은 맺지 않는 것도 중요하다는 사실을 깨달았다.

이제는 쉽게 사람을 만나도 적당한 거리를 유지한다. 진짜 친하게 지내고 싶은 마음이 들지 않으면 연락처도 묻지 않는다. 업무적으로 만나는 관계라면 필요한 이야기만 한다. 그래도 살면서 자신과 잘 맞는 사람을 만나면 정신적으로도 의지할 수 있다. 이런 사람을 만나면 계속 인연을 이어 나가도 좋다. 어떤 사람과 천천히 친해져서 평생 친구로 지내는 방법은 없을까? 지금까지 살아온 내 경험에 의하면 다음과 같다.

첫째, 공통 관심사를 찾는다. 첫 만남에서 조심스럽고 가벼운 대화가 일반적이다. 어떤 사람과 친구가 되어 오래 보기 위해서는 공통된 주제가 있어야 한다. 영화, 독서, 운동 등 같은 관심사가 있으면 자주 보고 더 많은 개인적인 친밀감이 쌓일 수 있다.

둘째, 주기적으로 연락한다. 첫 만남 이후로 일이 없어도 친해지고 싶다면 안부 등을 물어보면서 일주일에 적어도 1회 정도 연락한다. 자주 연락한다는 느낌을 받으면 상대방도 더 친밀감을 느낄 수 있다.

셋째, 선을 넘지 않도록 주의하자. 신뢰는 모든 관계의 기본이다. 가끔 나도 너무 친하다고 생각했는지 선을 넘다가 관계가 끊어진 적 있다. 적당한 거리와 온도를 유지하고, 적당한 좋은 언어로 서로에게 상처가 되지 않도록 하자.

넷째, 일관성이 중요하다. 잘나갈 때는 주변에 사람이 많지만, 망하게 되면 아무도 없다. 상대방이 잘되거나 힘들 때나 상관없이 대해주자. 시간이 지나면서 자신도 모르게 상대방에게 소중한 사람으로 자리 잡게 된다.

다섯째, 중요한 순간 축하와 용서를 함께 한다. 상대방이 진정으로 성과를 냈을 때는 축하해주고, 오해나 갈등이 생겨서 관계가 틀어지더라도 용서하자. 그런 경험이 시간을 통해 쌓이면 우정이 돈독해진다.

많은 사람을 만나고 상처받았다. 상대방에게 연락처를 차단당했다. 연락하지 말라는 메시지도 받은 적 있다. 친하게 지내자고 해놓고 먼저 연락한 적 없다. 이런 경험을 통해 관계에 대해 많이 배울 수 있었다.

기대하는 것이 없으면 상처도 없다

2022년 말부터 앞으로 미래에 대해 진지하게 고민하게 되었다. 마흔이 넘고 나서부터 직장을 언제까지 다닐 수 있을지 불안했다. 내가 최선을 다해 일해도 여러 여건과 상황, 내 의지와는 상관없이 언제든지 나갈 수 있는 곳이 직장이다. 정년 보장되는 공무원, 공공기관 등을 제외한 사기업은 특출나지 않은 이상 정년까지 가기 어려운 것이 현실이다.

뭐라도 준비해야 할 것 같았다. 글을 쓰면서 책을 출간하고, 가끔 강의를 나가는 등 제2의 직업을 준비하고 있었다. 추후 1인 기업을 운영 방법 등도 익히면서 하나씩 적용했다. 아무래도 혼자 하기가 한계가 있다 보니 그 분야의 고수를 찾기 시작했다. 공공기관, 대기업 등에서 강의하고 싶었지만, 기회가 없었다.

친한 지인을 통해 강의 분야 고수를 만나게 되었다. 그에게 배우고, 추후 같이 일할 기회도 있다고 듣다 보니 솔깃했다. 실제 강의 기법이나 제안하는 방법 등도 배울 수 있다 해서 기대가 많았다. 망설임 없이 신청했다. 첫 수업을 듣고 어려웠지만, 혼신 다하는 강사 덕분에 기대하는 마음이 더 커졌다. 이 수업을 잘 들으면 앞으로 직업을 바꾸는 일도 자연스럽게 이어질 것 같은 기분이 든다.

시간이 지나면서 점점 내가 의도했던 방향과는 반대로 흘러갔다. 내가 몰랐던 강의 제안 등에는 도움이 되었지만, 끝이 흐지부지되면서 전업 강사로의 데뷔는 물 건너갔다. 원했던 결과는 결국 얻지 못했다. 아무런 변화도 일어나지 않았다. 기관이나 대기업 등 강의는 없었다. 솔직하게 실망하고, 상처도 컸다.

책을 내고 싶은 사람을 돕고 있다. 그들도 나에게 기대하는 것이 크다. 다년간 글을 써서 책을 출간한 경험이 많다 보니 어떻게든 책을 출간시켜 줄 거란 믿음이 있다. 나도 거기에 부응하기 위해 공부하고 방법을 찾아 알려주고 있다. 하지만 나도 내가 기대한 만큼 수강생들에게 정성을 쏟으면서 어서 글을 쓰기를 기대한다. 내 기대와 달리 쓰지 않는 사람이 더 많다. 그들을 독려하기도 했다. 쓴 소리도 했지만, 효과가 없었다. 오히려 내가 한 잔소리 때문에 속상했다고 하는 사람도 있었다.

사람이 서로 만나고 인연을 맺는다. 처음 만났을 때는 기대할 게 없다. 어떤 성향의 사람인지 무엇을 좋아하는지 정보가 없다 보니 있는 그대로 모습을 보게 된다. 감정이 개입할 여지가 별로 생기지 않는다. 좀 더 알아가게 되면 그 사람의 성향이나 본 모습을 파악하게 된다. 자신과 잘 맞는다고 생각하면 점점 관계가 발전한다.

이제 친해지고 익숙해진 관계가 되면 기대하는 바가 커진다. 호감 있는 남녀가 서로 만나 알아가면서 익숙해진다. 그 과정에서 처음에는 양보와 배려도 하면서 서로의 감정이 상하지 않게 노력한다. 일단 잘 보여야 하므로 상대방이 기대한 대로 잘 맞추어 준다. 그러나 점점 관계가 가까워지고, 깊어질수록 기대가 커진다. 이제 상대방이 내가 원하는 대로 맞추어야 한다고 서로 주장한다.

보통 여자는 술, 담배 하지 않는 건전한 남자가 되었으면 하는 기대한다. 연애 초기에는 잘 맞춘다고 노력하지만, 이후 익숙해지면 다시 원점으로 돌아간다. 다 그런 것은 아니지만, 대부분 이런 패턴이다. 기대에 충족하지 않으면 사람은 실망한다. 그 기대가 계속 무너지면 결국 상처받고, 이별을 생각한다. 몇 번의 상처가 반복되면 관계가 끝난다.

인간관계에 있어 다툼이나 이별이 가장 많이 생기는 원인 중 하나가 바로 '타인에게 기대하다가 실망했다.'가 많다. 그만큼 자신의 기대에 못 미치거나, 부응하지 못해서 관계를 정리한다는 것을 의미한다. 관계를 오래 유지하려면 상대방에게 어떤 기대도 하지 않는 것이 좋다. 그 상대방의 성향을 있는 그대로 보고, 자신이 가볍게 맞춰 주는 편이 낫다.

여러 경험을 거치면서 사람에 대한 기대가 없다. 있는 그대로 상대방을 보면서 관계에 신경 쓴다. 감정이 개입되지 않도록 필요한 말만 한다. 서로 기대하는 것이 없으면 실망할 일도 없고, 상처도 덜 받는다. 공적이든 사적이든 관계를 맺을 때는 당당하지만, 그 사람에 대한 기대는 다 내려놓고 만나는 게 좋다.

헤어지는 것을 두려워하지 마라

대학 시절 한 남자 후배와 술자리를 가지게 되었다. 원래 밝은 성격인데, 그날따라 유독 표정이 어두워 보였다. 무슨 일이 있냐고 물었다. 크게 한숨을 쉬면서 이야기를 꺼내기 시작했다. 그 당시 시점은 둘 다 군대 제대하고 복학한 시점이다.

후배는 같은 전공은 아니다. 동아리에서 알게 된 다른 과 1년 아래 학번이다. 그와 나는 내가 1학년 마치고 동아리를 그만두었지만, 인연은 쭉 이어왔다. 그는 동아리에서 같이 들어온 여자 동기와 친하게 지내게 되었다. 집도 같은 방향이다 보니 모임에서 자주 보고 같이 들어가다가 눈이 맞았다. 외모도 선남선녀다 보니 동아리에서도 부러워하는 사람이 많았다.

그가 1학년 마치고 군대에 가게 되었다. 아무래도 여자 동기가 자신이 제대할 때까지 기다려주는 게 부담이 되었다. 입대 한 달을 남기고 그는 그녀에게 헤어지자고 했다. 거기까지 들었을 때 좀 섣부른 판단이 아니었을까 생각이 들었다. 그녀는 그 말을 듣고 싫다고 하면서 기다리겠다고 했다. 서로 사랑하는 사이다 보니 한 번쯤 그럴 수 있다고 생각했다.

후배는 안심하고 입대했다. 제대할 때까지 여자 동기도 잘 기다렸다. 2년이 넘는 시간을 잘 견디고 제대했다. 그는 2년 넘게 자신을 기다려준 여자 동기가 고마웠다. 이제부터 자신이 잘 챙겨주기로 결심했다. 여자 동기에게 챙겨줄 선물을 사서 만나기로 한 날, 여자 동기는 나오지 않았다.

그 전날부터 연락이 되지 않았다. 후배는 마지막으로 통화했던 시간이 이틀 전이라고 했다. 이틀 전 몸이 아파서 잔다고 하는 내용이었다. 당연히 아픈 줄 알아서 선물을 들고 그녀의 집 앞에 갔다. 하지만 그 선물을 주지 못하고, 후배는 발길을 돌렸다. 그리고 나에게 전화

걸어 술 한잔하자고 했다.

자신이 여자 동기 집에 갔더니 한 남자가 같이 있었다. 너무 놀라 누구냐고 했더니 이 여자 남자친구라고 하더라. 후배가 자신이 이 여자의 남자친구인데 무슨 소리냐고 하자, 그 남자는 동거한 지 2년 되었다고 한다. 그때 방에서 여자 동기가 나왔는데, 후배를 보더니 놀란 표정을 지었다. 후배가 어떻게 된 거냐고 물어보자, 잠시 나가서 이야기하자고 했다.

그녀는 후배가 군대에 있을 때 우연히 클럽에서 한 남자를 알게 되었고, 그와 하룻밤을 보낸 후 동거까지 하게 되었다고 담담하게 말했다. 후배는 충격에 휩싸였다. "자신이 입대 전 이별하고 만나야지. 왜 지금까지 자신을 속였냐?"고 따졌더니 헤어지는 자체가 너무 두려워서 그랬다고 변명했다.

거기까지 듣자 나는 당장 지금 전화해서 헤어지라고 했다. "너를 기만한 정도가 아니다. 당연히 그녀가 너만 보고 기다리는 줄 알았는데, 뒤로 딴 짓하고 있다고 하니 용서가 되지 않는다고. 이별하려면 깔끔하게 해야지 그게 두려워서 양다리를 걸쳤냐." 후배도 배신감에 용서가 되지 않는지 몸서리를 쳤다. 술자리를 가지고 며칠 후 후배는 그녀와 완전히 이별했다고 전했다.

이별이 두려웠다면 처음부터 사귀지 말았어야 했다. 아니면 철저하게 혼자 살던가. 사람은 혼자 지낼 수 있지만, 결국 더불어 살아야 하는 존재다. 비단 연인뿐 아니라, 친구나 지인 등과의 관계에서 자의 반 타의 반으로 틀어지거나 헤어지더라도 두려워하지 말자. 이별을 두려워하는 사람은 자신이 혼자 남겨질 것 같거나 이별 후 너무 고통스러워하는 경향이 있다. 외로움과 정서적 고통을 견디기 힘들다 보니 관계를 계속 유지한다.

이별을 두려워하지 말고, 깔끔하게 정리하는 것이 좋다. 그 이유는 첫째, 성장의 기회가 될 수 있다. 자신에 어떤 사람과 맞는지 안 맞는지 등 배우고 더 좋은 관계를 유지할 수 있도록 한다. 둘째, 새로운 시작이 될 수 있다. 이별은 좀 더 나은 사람을 만나는 좋은 기회가 된다. 셋째, 이별도 인생의 한 부분이란 것을 배운다. 이별이 두렵지 않으면 나와 맞지 않는 사람과 관계를 정리할 때도 수월하다. 고통은 있지만 이별도 인생의 한 부분이라고 알게 된다.

관계에서 이별은 늘 어렵고 두렵다. 그래도 잘 헤어질 수 있다면 좀 더 근사한 나를 만날 수 있게 된다.

인연은 시절마다 다르다

"우리 우정은 영원할 거야!"

오늘도 술을 한 잔씩 따르고 부딪히며 건배사를 외친다. 술이 한 잔씩 늘어날 때마다 우정은 깨지지 않는다고 굳게 믿는다. 새벽까지 여러 술집을 돌면서 계속 우리의 만남은 죽을 때까지 이어간다고 반복한다. 마지막으로 학교 앞 선배나 동기 자취방에서 술자리가 끝난다. 모두 취하고 잠이 들 때까지 우정을 외친다.

중고등학교 시절이 시작되는 사춘기 시절부터 부모보단 친구와의 관계가 더 중요하다. 친한 무리가 생기면서 그 친구들과 많은 시간을 보낸다. 같이 성적을 고민하고, 매점에 가서 맛있는 음식을 먹기도 한다. 공부 잘하는 친구들, 싸움 잘하는 동기들 등 각자 공통점을 가지고 모임이 형성된다.

20대 성인이 되면 새로운 인간관계가 형성된다. 대학에 들어가면 각과 별로 전국 여러 각지에서 모인 친구를 만난다. 기존 중고등학교 동창 무리에 대학 동기들까지 일주일이 여러 모임으로 바쁘다. 물론 많은 사람과의 만남을 싫어하는 친구도 있었지만, 대부분 새로 만난 인연과 많은 시간을 함께 보낸다.

나도 그랬다. 대학 오리엔테이션 시절부터 입학식 이후 매일 선배와 동기들과 즐겁게 놀았다. 수업에 빠지고 당구장에 갔다. 거하게 한 게임 하고 나서 술집으로 향한다. 없는 돈 다 모아서 안주와 술을 시켜서 왁자지껄 떠든다. 밤이 늦었지만, 집에 갈 생각을 하지 않는다. 사람 만나는 것을 워낙에 좋아했던 터라 매일 만 원 용돈을 쪼개서 어떻게든 사람을 만났다. 그들과 이런저런 이야기를 나눴다. 살아가는 이야기를 듣는 자체가 나에게 하나의 즐거움이었다.

군대를 다녀온 후 복학생이 되면 현실을 마주하게 된다. 그동안 좋지 않은 성적을 되찾기 위해 최선을 다한다. 4학년 대학 졸업반이 되면 친하게 지냈던 동기나 후배, 선배들도 각자의 조건에 따라 인연이 바뀐다. 대학원에 진학한 친구들만 따로 모인다. 대기업이나 공기업에 간 친구들끼리 만나게 된다. 나는 엔지니어링 분야로 취업하게 되었다. 같은 분야에서 일하게 된 동기, 선배와 더 친하게 되었다.

30대 초반까지 그래도 조건은 따지지 않고 자주 동기들끼리 뭉쳤다. 각자 사회생활에서 받는 스트레스도 풀고 사는 이야기도 나누면서 인연을 이어갔다. 하지만 결혼이란 큰 관문을 통과하자 미혼과 기혼이라는 타이틀로 인연이 나뉜다. 이야기의 공통점이 달라지다 보니 비슷한 시기에 결혼했던 친구들이 만나게 된다.

예전 친구들과 자주 보지 못하게 된 결정적인 계기는 바로 경제적인 이유다. 자격지심이라고 볼 수 있지만, 각자 가진 자산에 따라 사람을 만나게 된다. 부유한 친구들끼리 또는 비슷한 재산을 가진 친구들끼리 보게 된다. 각자 조건이 달라지고 나이가 들면서 사소한 문제로 관계가 갈라질 수 있다.

나도 30대 후반부터 독서와 글쓰기를 시작하면서 맞지 않는 인연과 서서히 연락 횟수를 줄였다. 만나면 쓸데없는 이야기만 나누고 부정적인 에너지만 가득했다. 사실 내가 그런 경향이 강하다 보니 다른 친구들에게 괜히 안 좋은 영향을 미쳤다. 나부터 변하자는 차원에서 필요한 소수의 인원만 남기고 관계를 정리했다. 모든 사람에게 잘 보이려다가 스트레스도 심했다. 조금씩 관계가 정리되자 마음이 편해졌다.

중년이 되면서 혼자 있는 시간을 많이 가지고 있다. 쓸데없는 인연과 시간 보내는 것보다 내가 하고자 하는 목표나 공부에 더 집중하는 것이 효율적으로 판단했다. 어느 인간관계 프로그램에서 '시절 인연'이라 말이 나왔다. 인연은 시절마다 다르다는 뜻이다. 공감했다. 사춘기 시절에는 동네라는 좁은 공간에서 서로 의지하고 친하게 지냈다. 나이가 들면서 더 큰 세상으로 나아가며 많은 사람을 만난다. 그중에서 마음 맞는 사람과 어떤 한 시절을 짧게 또는 길게 인연을 가져간다.

관계에 너무 집중하다 보면 나를 잃어버린다. 친구가 없다고 슬퍼하지 않아도 된다. 지금 당신에게 잘해주는 사람에게 집중하면 된다. 각 시절에 만나는 사람에게 최선을 다하고, 설사 헤어져도 너무 슬퍼하지 말자. 시간이 지나도 만날 사람은 다시 만난다. 최선을 다했지만, 다시 볼 수 없는 사이가 되었다면 거기까지가 그 사람과의 인연이다.

인연은 오래가지 않는다

지금까지 만나는 초등학교 친구들이 있다. 초등학교 3~4학년 시절부터 알았으니 벌써 약 36년이 넘었다. 이제 곧 40년 지기가 된다. 몇 주 전 1년 만에 만나서 회포를 풀었다. 역시 만나면 처음 만났던 어린 시절 그 당시로 돌아간다. 이젠 중년이 되어 각자 자신 일을 하면서 열심히 살아가고 있다. 그런 친구의 모습을 보면서 인생을 배우고 있다.

초등학교 친구들과 계속 인연을 이어가는 이유는 아무 조건 없이 만날 수 있어서다. 그런데 이 친구들 모임에서도 결혼 유무에 따라 몇 명은 잘 나오지 않는다. 결혼하면 결국 아내와 아이 이야기가 자연스럽게 나오게 된다. 결혼하지 않는 친구는 입을 다물게 된다. 공통점과 관심사가 달라지면 관계를 계속 이어 나가기 어렵다.

그래도 소외된 친구를 어떻게든 만나기 위해 연락한다. 못 이기는 척 한두 번 모임에 나오지만, 역시 공통 관심사가 없다 보니 다음 모임에는 나오지 않았다. 나도 그와 자연스럽게 연락하지 않게 된다.

초등학교 친구들 모임 외에 자주 만나는 고등학교 동창들이 있었다. 마흔 전까지 매년 연말 송년 모임도 하면서 자주 만나던 사이다. 그런데 무슨 일이 있었던 것도 아닌데, 안 만난 지도 7년이 넘었다. 그 이유가 무엇일지 곰곰이 생각했다.

몇 년 동안 만나면서 한 친구가 내 말을 자르고 자꾸 무시했다. 쌓이다 보니 은연중에 만나기 싫어졌다. 또 서로 관심사가 다르다 보니 대화가 길게 이어지지 않았다. 공감이 어렵다 보니 표면적인 겉도는 이야기만 늘어났다. 그사이 침묵이 길어졌다. 만나고 돌아오면 괜히 시간 낭비라고 느꼈다.

마지막으로 만나기로 했던 날 장인어른이 집에 오셔서 나갈 수 없었다. 사정을 친구들에게 미리 설명하고, 양해를 구했다. 그러나 나를 자꾸 무시하던 한 친구가 전화하더니 왜 네 마음대로 오지 않냐고 소리쳤다. 스마트폰 너머로 들려오는 큰 소리가 불쾌했다. 더 이상 이 관계를 유지하기가 힘들다고 생각해서 더 이상 연락하지 않았다. 이후로 그 친구들에게 먼저 연락하는 일은 없었다. 사소한 오해가 쌓이면 그 인연도 오래갈 수 없다.

마흔 이전까지 누구를 만나 인연을 맺게 되면 오래 유지하기 위해 노력했다. 나와 맞지 않아도 억지로 그 사람에게 맞추었다. 그렇다 보니 나는 타인을 잘 배려하고 맞추는 사람으로 인식되었다. 상대방이 나를 쉽게 보는 면도 많았다. 만만한 사람처럼 보였다. 그래서 무시하거나 자신의 이익만 취하고 연락을 끊는 사람도 더러 있었다. 그렇게 상처받다 보니 더 이상 나 자신이 강해지지 않으면 더 무시당하겠다는 생각이 커졌다.

그 이후로 내가 정말 좋아하는 사람 몇 명을 제외하고 관계를 정리했다. 타인은 나에게 관심이 없는데, 쓸데없이 관계에 내 에너지에만 쏟아 부었던 것이 후회되었다. 인연도 너무 쉽게 맺고 있다고 판단했다. 앞으로 누군가와 새로운 인연을 맺는 일은 신중하게 결정하려고 한다.

그 시절에 맞는 인연이 있다. 굳이 맞지 않는 인연과는 빨리 관계를 끊어내자. 몇몇 전문가는 왜 그렇게 무 자르듯이 인연을 쉽게 끊을 수 있냐고 반문한다. 모든 사람에게 잘 보이려고 노력했던 내 모습이 너무 아쉬웠다. 모든 사람이 나를 좋아할 수 없다. 이 세상에 있는 사람이 1/3이 나를 좋아하고, 1/3은 나를 싫어한다. 나머지는 관심 없다. 이 사실을 마흔이 넘어 실제로 깨달았다. '인연은 오래가지 않는다. 다만 오랫동안 인연을 유지하기 위해서는 자신이 정말 좋아하는 사람에게 최선을 다해야 한다.' 사실도 알게 되었다.

인연에 대해 너무 집착하지 말자. 자신이 살아가면서 그때그때 만났던 사람에게 최선을 다하면 그만이다. 오랜 인연을 유지하는 사람은 가족, 소수의 지인만 있어도 충분하다. 또 몇 년 동안 보지 못했지만 오랜만에 만나도 기분 좋은 사람이 있다면 놓치지 말자. 인연은 스쳐 지나가는 바람과 같다. 인연은 오래가지 않는다. 이 사실만 알아도 인간관계에 대해 너무 심각해지지 않게 된다.

떠나간 인연을 그리워하지 않기로 했다

나이가 들면서 배우게 되는 것 중 하나는 인연의 소중함이다. 그러나 그보다 더 중요한 교훈은 때로는 그 인연을 놓아주는 법을 배우는 것이다. 중년이 되어서야 나는 이제 떠나간 인연을 그리워하지 않기로 결심했다.

20대와 30대 시절 참 업무적으로 사적으로 많은 사람을 만났다. 모든 사람과 친해지기 위해 나의 모든 시간을 쏟아부었다. 필요한 것을 얻기 위해서 또는 외로움과 공허함을 달래기 위해서 거의 매일 저녁 사람들과 시간을 보냈다. 그 사람들과의 인연은 나에게 많은 것을 가르쳐 주었다.

처음 관계는 누가 보면 정말 친한 사이일 정도로 보였다. 하지만 모든 관계가 영원하지 않다. 처음에는 사람들과의 단절과 이별 후에 오는 공허함과 슬픔이 나를 압도했다. 과거의 추억들이 머릿속을 맴돌며 나를 괴롭혔다.

그런데 시간이 지나면서 나는 무언가를 깨달았다. 떠나간 인연을 슬퍼하고 그리워하는 것이 내 삶을 더 힘들게 만들 뿐이라는 것을 말이다. 그리움은 때로 달콤하게 다가와 나를 과거로 이끌지만, 그것은 현재의 나를 속박하는 족쇄와도 같았다. 끊임없이 과거로 끌려가며 현재를 살지 못한다. 미래에 대한 희망마저 희미해지게 만들었다.

그래서 나는 결심했다. 떠나간 인연을 그리워하지 않기로. 이별 후에도 삶은 계속되어야 하며, 나는 내 삶의 주인공으로서 현재에 집중해야 한다. 우리는 종종 과거의 인연 때문에 현재의 행복을 간과하기 쉽다. 하지만 진정한 행복은 자신 내면에서 비롯되고, 현재의 삶에서 찾아야 한다.

이제 나는 새로운 인연을 맞이할 준비가 되어 있다. 과거를 뒤로하고 새로운 시작을 하는 것, 그것이 진정한 성숙함을 의미하는 것일지도 모른다. 중년이 되어서야 나는 인생에서 진정으로 중요한 것이 무엇인지, 어떻게 하면 진정으로 행복해질 수 있는지를 깨닫기 시작했다. 그리고 그 시작은 떠나간 인연을 그리워하지 않고, 각자의 길을 걸어가는 용기에서 비롯된다.

과거는 지난 시간이다. 떠나간 인연도 지나간 인연이다. 그 시절에 만났던 순간의 추억들로 그들을 떠올리면 그만이다. 미련도 남기지 말아야 한다. 인연은 때로 우리에게 큰 선물이 되기도 하지만, 그 인연이 우리를 가두는 족쇄가 되어서는 안 된다.

진정한 성장은 과거를 넘어 새로운 미래를 향해 나아갈 때 비로소 가능하다. 나는 이제 더 이상 떠나간 인연을 그리워하지 않는다. 대신, 나는 매 순간을 소중히 하자. 지금 옆에 있는 소중한 인연부터 잘 챙기자. 매일 그렇게 지내다 보면 내 삶을 가치 있게 만드는 새로운 인연들을 만날지 모르니까.

언젠간 다시 만날 인연은 돌아온다

마흔을 한 달 남긴 연말 저녁이다. 오랜만에 고등학교 친구들과 송년회를 핑계로 같이 모였다. 다들 사회생활 하면서 먹고 사는 게 바쁘다 보니 이제 자주 보기 쉽지 않다. 그래도 1년에 한 번 직접 얼굴 보면서 제대로 살아 있는지 확인이 필요하다는 한 친구의 제안으로 만나게 되었다.

어떻게 지내는지 서로 안부 묻다가 한 친구가 또 비아냥거린다.
"요새 글 쓴다며? 무슨 글을 쓰는데, 그리 비싸게 구는 거냐?"
평소 같으면 웃으면서 넘겼을 텐데, 그날따라 그 말이 내 귀에 상당히 거슬렸다.

"내가 글 쓰는데 뭐 보태준 거 있냐? 넌 가만 보면 예전에도 사람 속 긁는 재주가 있더라?"

그 말에 친구는 급발진하며 또 자신이 할 말만 쏟아냈다.

친구의 말이 끝나자 나는 조용히 일어났다. 친구들에게 피곤하다고 말하고 그 자리를 나왔다. 또 다른 친구의 전화가 계속 왔다. 일부러 받지 않았다. 다음 날 그들에게 나는 더 이상 그 모임에는 나가지 않겠다고 메시지를 보냈다. 그 후 그들에게 단 한 통의 연락도 없었다.

세월이 흐르며 점점 사람을 더하기보다 빼는 일에 익숙해졌다. 언젠가부터 무수히 많은 인연이 스쳐 지나가듯 내 곁을 떠났다. 물론 나도 어떤 사람에게 스쳐 지나가는 인연이었을지 모른다. 그렇게 떠난 자리를 일부러 채우지 않게 됐다. 중년의 삶은 빈자리에 더 이상 불안해하지 않는 법을 배우는 과정이라 생각한다.

그렇게 빈자리만큼 내 삶은 오히려 더 선명해졌다. 조용한 방 한가운데서 예전의 기억을 천천히 꺼내 보는 시간이 늘었다. 떠나보낸 인연 중에 여전히 아쉬움이 있는 이들이 있다. 그리워지는 순간, 나는 이런 말을 스스로 건넨다.
"언젠가 다시 만날 인연이라면 결국 돌아올 거야."

첫 문단에서 언급했던 나는 친구와 크게 다퉜다고 고백했다. 지금 생각하면 사소한 오해였지만, 그때의 나는 너무나 자존심이 세고 쉽게 마음을 열 줄 몰랐다. 결국 사과하지 못한 채 서로의 등을 돌렸다. 그러나 헤어진 지 10년 가까이 지나도록 문득문득 생각났다. 잘 지내고 있을까? 나를 생각할 때면, 그 친구의 표정은 어떤 모습일까.

그러던 2024년 어느 가을날이었다. 퇴근길 지하철역에서 우연히 그 친구를 다시 만났다. 수많은 사람 속에서 단번에 서로를 알아보았다. 아무 말 없이 미소 짓고 악수했다. 그 한 번의 미소가 지난 세월의 모든 오해와 서운함을 지워냈다.
"잘 지냈냐? 약속 없으면 한 잔 할까?"
웃으면서 근처 가게로 들어갔다. 결국 돌아올 인연은 돌아온다는 말을 믿게 해준 순간이었다.

중년이 된 지금 나는 사람들에게 매달리지 않는다. 흘러가는 인연은 자연스럽게 흘려보내고, 다가오는 인연은 있는 그대로 맞이한다. 이것이 삶이 가르쳐 준 인연을 대하는 태도다. 힘겹게 잡으려 애쓰지 않아도, 운명처럼 다시 마주할 이들은 반드시 다시 내 곁으로 돌아온다.

우리가 놓아버린 인연이 있다면 아쉬워하지 말자. 꼭 만나야 할 사람은 결국 어떤 식으로든 다시 돌아오기 때문이다. 돌아오는 인연은 마치 잃어버린 퍼즐 조각처럼 자연스럽고 아름답게 제자리를 찾는다.

중년의 인간관계가 **빼기**의 시간이라면, 다시 찾아오는 인연은 우리 삶의 가장 귀한 더하기다. 만날 인연은 다시 만나게 되어 있다.

깊은 상처는 가까운 사람에게 받는다

30대 초반 여름 다니던 회사 업무가 많았다. 스트레스를 받았다. 이직한 지 6개월 정도 다니다 그만두었다. 매일 계속되는 야근과 철야 근무에 몸과 마음이 모두 지쳤다. 결혼 전이라 사직에 대해 쉽게 결정할 수 있었다. 죽마고우와 약 10일 일정으로 태국과 캄보디아로 해외여행을 다녀왔다.

8월 중순에 떠나는 여행이라 날씨가 무척 더웠다. 우리나라도 더운 여름인데, 방콕 공항에 도착하니 온몸이 땀범벅이다. 방콕 왕궁도 보고, 마사지도 받았다. 여행이 막바지 무렵 어느 날 저녁 식사 마치고, 친구가 신용카드로 계산하는데 한도 초과가 나왔다. 다음 날 쓸 돈이 없어 나에게 얼마 정도 빌려달라고 요청했다.

그냥 빌려주면 될 것을. 나는 아무리 친한 친구라도 돈을 빌려주고 빌리는 행동을 하지 않는다는 원칙을 20대부터 가지고 있었다. 큰돈도 아니고 정말 친한 친구에게 돈 10만 원 정도였는데, 빌려주지 않았다. 친구가 당장 급해서 빌린 후 금방 준다고 했는데도 원칙만 따졌다. 친구의 표정이 좋지 않았다. 서로 한마디도 하지 않고 숙소도 따로 걸어왔다.

방에서도 말도 없이 조용했다. 피곤해서 먼저 잔다고 하고 침대에 누웠다. 몸이 천근만근이지만, 친구가 신경이 쓰여 잠이 오지 않았다. 이런저런 생각에 잠기다가 다음 날 아침이 되었다. 미안하다고 먼저 이야기했다. 기억이 맞는지 모르지만, 지갑에 있는 돈을 모두 건넸다. 친구의 표정은 그래도 좋지 않았다. 그래도 전날보다 좀 풀렸는지 같이 다녔다.

귀국하는 길에 친구가 나에게 말했다. 그때 네가 그렇게 나올지 몰랐다고 하면서 큰 상처 받았다고. 아무리 돈을 빌려주지 않는다고 해도 상황이 급박하고, 카드만 풀리면 바로 돌려줄 수 있는 돈인데 그렇게 나올 줄 몰랐다고 하면서 관계를 끊을 생각까지 했다고 말했다. 참 가까운 사람일수록 더 조심했어야 했는데, 안일한 행동에 큰 상처를 주었다. 거듭 미안하다고 사과했다.

신혼 시절에도 아내와 가끔 다투었다. 서로 다른 환경에서 30년 가까이 살던 사람이 만나면서 발생하는 사소한 습관 등이 원인이 되었다. 아내가 이렇게 해라, 저렇게 하라고 하면 말을 들으면 되는데, 그렇지 못했다. 말로 서로에게 상처를 주기 시작한다. 하지 말아야 말까지 해놓고 나는 입을 굳게 닫았다. 아직 상황이 끝나지 않았는데, 옷을 챙겨 집 밖으로 나왔다. 회피한 것이다.

아직 대화가 끝나지 않았는데, 남편이 사라졌다. 아내 입장에서 당황할 수밖에 없다. 큰 상처를 주었다. 16년째가 된 지금까지도 많은 상처를 주었다. 아이들에게도 내 기분에 따라 소리 지른 적이 많다. 그러지 말아야 한다고 하면서도 반복되는 현실에 아이들도 깊은 상처를 받았다. 알게 모르게 가족에게 많은 고통과 상처를 주었다. 일을 저지르고 나서 후회하면 뭐하나? 이미 엎질러진 물이다. 가까운 가족이나 친구 사이일수록 더 조심해야 했는데, 그렇지 못했다.

관계가 가까울수록 감정적으로 더 깊고 많이 의지하게 되니 그것이 깨지면 더 큰 고통을 받는다. 나는 당신과 가까워 모든 것을 다 허용해 주는데, 왜 당신은 나에게 그렇게 하지 않냐는 보상 심리가 작용한다.

또 깊은 관계일수록 자신의 감정, 비밀 등을 공유한다. 이것은 상대방과 자신이 연결되어 있고 행복하다는 느낌을 받는다. 하지만 상대방에게 상처를 주면 그 사람에 대한 신뢰가 깨져 더 슬프게 느껴질 수 있다.

관계가 긴밀해지면 서로 유대감이 형성된다. 강한 애착이 형성되다 보니 상대방에게 더 깊게 빠져든다. 좋게 빠져들면 괜찮지만, 그것이 오히려 깨졌을 때 더 큰 상처를 입는다. 그것이 누적되면 결국 관계라는 그릇은 깨지게 된다.

처음 만날 때는 그 사람에 대한 단점은 잘 보이지 않는다. 서로 맞춰 주고 배려하지만, 관계가 깊어지면 그런 기본적인 행동에 대해 자꾸 무뎌진다. 자신 의견대로 하기를 강요하거나 상대방을 무시하기도 한다. 결국 가까운 사이일수록 적당한 거리를 유지해야 한다. 선을 지켜야 한다. 필요할 때 서로에게 공간을 주고 개인적인 시간도 허락해야 한다. 문제가 생기면 서로 감정을 배제하고 사실만 담담하게 대화로 풀어도 좋다.

깊은 상처는 가까운 사람에 가장 많이 받는다. 어떻게 보면 지금 당신 곁에 가장 가까이 있는 사람이 가장 감사한 사람이다. 이 사실을 잊지 말자.

고통에서 벗어나는 유일한 방법

오랜만에 한 사이트에서 내 사주팔자를 검색했다. 음양오행 중 물 수(水)가 70% 이상 넘쳐 생각이 많다고 한다. 물은 계속 흐른다. 가만히 있어도 생각이 멈추지 않는다. 잡념이 계속 떠오른다. 멈추려고 노력하지만, 아직도 일어나지 않은 미래의 일까지 생각한다. 어떻게 될지 모르는데 이미 일이 잘못될 것 같아서 너무 고통스럽다.

어린 시절부터 유독 심했다. 내일 시험이다. 아직 결과가 나오지 않았는데, 망친 것 같았다. 마음이 불안하다. 책을 봐도 머리에 들어오지 않았다. 침대에 누웠다. 피곤한데, 고민이 앞서다 보니 잠이 오지 않는다. 악순환이다. 고통스러웠다. 밤을 지새우고 시간만 보냈다. 당연히 공부하지 않았고, 자지도 못했으니 시험을 망치게 되었다.

운전을 배우기 위해 학원에 갔을 때도 마찬가지였다. 아직 시동도 켜지 않았는데, 운전하다가 시동키가 꺼질까 봐 걱정한다. 그것이 현실로 드러난다. 계속 그 이미지를 상상했나 보다. 보다 못한 강사가 운전하지 말라고 다그친다. 더욱 위축된 나는 바로 집으로 도망갔다. 며칠 동안 운전학원에 나오지 못했다. 나 자신이 한심스러웠다.

작은 엔지니어링 회사 도시계획부에서 사회생활을 시작했다. 다른 동기에 비해 실력이 현저히 떨어졌다. 당연했다. 다른 분야로 나가기 위해 전공 공부를 등한시했다. 매일 일 못한다고 상사에게 혼났다. 주눅이 들었다. 삽도 하나 완성하는데, 오래 걸려서 애먹었다. 고통스러웠다.

어떻게든 이 고통에서 벗어나고 싶었다. 방법을 찾아야 했다. 부모님과 여러 책을 읽으면서 조금씩 해결책을 찾아나갔다. 그 결과 고통에서 벗어나는 유일한 방법은 그 고통을 마주하고, 맞서야 한다. 누구나 아는 이야기다. 두려움을 벗어나기 위해서는 그 두려움을 똑바로 봐야 한다는 점과 일맥상통한다. 고통을 마주하기 위해서는 부정적인 결과를 떠올리지 말아야 한다는 전제가 있어야 한다.

반대로 생각했다. 아직 시험을 본 게 아니다. 남은 시간이라도 끝까지 최선을 다해 공부하면 좀 더 나은 점수를 받을 수 있다고 생각을 바꾸었다. 고통스럽지만, 공부에 대한 스트레스를 마주했다. 열심히 공부했더니 오히려 이전보다 점수가 좋아졌다.

운전도 마찬가지다. 이제 운전은 누구나 할 수 있는 자격이니 어떻게든 배워야 한다고 생각하기로 했다. 운전 중에 시동이 꺼져도 상관하지 않기로 했다. 그 당시 물론 운전대만 잡으면 손을 벌벌 떨었다. 하지만 그 고통을 깨고, 천천히 한 단계씩 배워나갔다. 지금은 차만 있으면 전국 어디든지 운전해서 갈 수 있다. 벌써 운전한 지 20년이 넘었다.

상사에게 인정받고 싶었다. 일에 대해 실수하고 욕먹기 싫었다. 미친 듯이 고통스러웠지만, 열심히 상사에게 물어보고 혼자 연습하면서 일을 배워나갔다. 부족한 부분은 책이나 영상을 통해 공부했다. 그 노력이 통했는지 1년이 지나자 누구 못지않게 일을 잘하게 되었다. 고통을 피하지 않고, 마주한 결과였다.

현재 글쓰기도 마찬가지다. 매일 한 편의 글을 쓰기로 마음먹었다.

하지만 하루에 한 개의 글을 매일 똑같은 분량으로 채운다는 일은 쉽지 않다. 오늘은 무엇을 써야 할지, 어떤 구성이나 에피소드로 엮어야 할지, 결론 부분에 어떤 메시지를 줄지 등까지 고려해야 한다.

글을 쓰는 고통도 상당하다. 하지만 매일 쓰는 사람이 진짜 작가라고 외치는 내가 고통스럽더라도 매일 쓰는 이유다, 글쓰기 고통도 제대로 내가 만나서 느껴봐야 진짜 글이 나올 수 있다. 나탈리 골드버그가 말한 것처럼 "글쓰기는 글쓰기를 통해서만 배울 수 있다." 조언과 딱 맞다.

오늘도 어떤 글을 써야 할지 괴로웠다. 가뜩 오늘 업무로 힘이 빠졌다. 그래도 어떻게든 나와의 약속을 지켰다. 고통스럽지만 어떤 글이라도 쓰면 마법이 일어난다. 고통에서 벗어나는 방법은 그 사건, 상황, 사람 등을 바라볼 때 색안경 끼고 보지 않으면 된다. 지금 힘들면 힘들다고 표출해야 한다. 그 표출을 글로 옮기면 자신의 감정을 객관적으로 볼 수 있다. 자신의 일상이 좀 복잡하다면 지금 자신의 상황을 글로 써보자.

이 글 말미까지 왔는데 아직도 고통스러운가? 쇼펜하우어는 "원래 인생은 고통스럽다."고 했다. 고통을 벗어나기 위해서는 방법이 없다. 마주하고 끝까지 가보는 것밖에 답이 없어 보인다. 거기서 의미만 찾을 수 있다면 금상첨화다.

2장

때론 거리를 두어야 가까워지는 사이

살아보니 관계에서 중요한 것은 "적당한 거리"

사회생활 한 지 8년 차 전 직장에서 임금이 밀려 갑자기 사람들이 나가게 되었다. 나는 다른 회사에 파견 근무 중에 소식을 들었다. 상사는 같이 사표를 내자고 했지만, 거절했다. 다른 회사와 같이 프로젝트 수행 중이라 그만두게 되면 책임을 회피하게 되어 할 수 없다고 이야기했다. 상사는 화가 난 듯이 뭐라고 하더니 전화를 끊었다.

얼떨결에 나는 아직 직급은 과장인데, 직책은 팀장이 되었다. 사장 바로 아래 자리다 보니 부담감이 컸다. 특히 나와 남은 2~3명의 직원을 잘 다독여야 했다. 같이 그만두게 되면 돌아가는 프로젝트 모두가 엉켜 버리기 때문에 사람을 잘 관리하는 일도 팀장의 중요한 역할이었다. 가끔 일로 힘들어하면 나는 팀원들의 고충을 듣기도 했다.

술이 한 잔 들어가면 사적인 이야기도 가끔 하게 된다. 시시콜콜한 이야기까지 나오게 된다. "여자 친구는 있냐? 언제부터 일을 시작하게 되었냐?" 등의 질문과 함께 오고 가는 술 한 잔으로 점점 분위기는 편해진다. 취기가 올라오게 되면 나는 팀원들에게 편한 형이라고 생각하라고 소리친다. "형이라고 불러!" 이러면서.

자리를 파하고 다음 날 아침이다. 팀원 중 한 명이 갑자기 "형님!"이라고 부르면서 다가온다. 그 순간 나는 '뭐지?'라고 그를 쳐다본다. 해맑은 미소가 오히려 부담스럽다. 나도 모르게 "형님이 뭐냐? 회사에서 직급으로 호칭해야지."라는 말이 입에서 나왔다. 그의 얼굴이 일그러진다. "네, 죄송합니다. 과장님. 어제 형이라고 불러도 좋다고 하셔서."

내가 실수했다. 보통 사회생활을 하게 되면 공과 사적인 영역을 구분해야 한다. 그 후배도 당연히 알고 있는 줄 알았다. 그게 아니었다. 윗사람이 하라고 하면 당연히 그렇게 따라야 한다고 그가 이야기한다. 틀린 말은 아니다. 나는 미안하다고 하면서 회사에서 직급, 밖에서는 얼마든지 형이라고 불러도 좋다고 하면서 마무리했다.

돌아가는 그를 보면서 한숨을 쉬었다. 아무리 사람을 좋아하고 그 후배가 업무로 힘들다고 해도 관계 정립을 처음부터 확실히 해야 했다. 회사에서 만났으면 일을 같이 합심하여 잘 끝날 수 있게 하는 게 첫 번째 목적이다. 놀기 위해 회사에 온 것이 아니다. 아무리 상사와 허물없이 지낸다고 해도 공적인 관계는 지키면서 사적인 관계를 유지해야 한다. 어떤 관계든 선을 넘는 순간 모든 관계가 무너진다.

그 이후 나는 회사에서 아랫사람이나 윗사람에게 업무상 중요한 일정이나 진행 상황 등만 이야기했다. 회식이나 가끔 있는 저녁 식사 등에서도 사적인 이야기는 최소화하려고 노력했다. 하지만 역시 말이 많다 보니 실수한 적도 있다. 이렇게 회사에서 만난 사람들에게 적당한 거리를 유지하려고 한다.

사적으로 가까워질수록 더 친해질 수 있다고 생각한다. 그것이 나쁘다고 생각하지 않는다. 이 세상에서 자신의 비밀이나 솔직한 이야기 등을 공유할 수 있는 사람이 한두 명 정도면 괜찮다. 너무 많은 사람에게 드러내도 좋지 않다. 그들을 제외하고 인간관계에서 적당한 거리를 유지하는 게 가장 좋다.

그 사이에 공간을 주어야 각자 프라이버시가 존중될 수 있다. 너무 가깝지도 너무 멀지 않은 관계가 가장 좋다. 친하게 될수록 경험해 보니 갈등이 커진다. 균형을 잘 유지하면 그 사람과의 관계가 오래갈 수 있다.

올해 다시 새로 옮긴 회사나 운영 중인 모임에서 만난 사람들과도 웬만하면 적당한 거리를 유지하고 있다. 너무 친해지면 아무래도 그동안 쌓아온 친밀한 관계가 한순간에 무너질 수 있기 때문이다. 그런 관계가 되면 사실 매몰차게 먼저 끊어내기도 한다. 예전부터 너무 가까워질수록 상처받는 경우가 많다 보니 생긴 나만의 방어기제다.

혹시 관계로 고통받고 있다면 너무 타인에게 의존하거나 잘 보이려고 애쓰고 있는지 살펴보자. 거듭 말하지만, 관계를 잘 유지하기 위해서는 내 마음이 먼저 편안해야 한다. 나부터 챙기고 나서 타인과 좋은 관계를 맺는 것이 첫 번째라는 것을 잊지 말자.

비교가 관계를 망친다

"이번에 ○○이 재수해서 명문 S대학 갔다더라. 너도 재수하면 좋은 대학 갈 수 있어."

"싫어요. 저는 1년 더 한다고 잘된다는 보장이 없어서 그냥 점수에 맞추어 갈게요."

1996년 연말 아버지와 나의 대립은 계속되었다. 대학수학능력시험 시험을 망쳤다. 직전 모의고사까지 소위 명문대라 하는 대학에 갈 수 있는 점수까지 확보했다. 하지만 정작 중요한 본 시험에서 점수가 나오지 않았다. 지금까지도 가장 어려운 난이도라고 소문난 1997년도 수학능력시험이었다. 400점 만점에 4년제 대학 커트라인이 165점이었다.

아버지는 재수해서 좋은 대학을 간 사촌 형을 계속 언급했다. 너도 한 번 더 하면 무조건 명문 대학에 갈 수 있다고 설득하는 중이다. 지금도 인내심이 부족하지만, 그 시절은 똑같은 공부를 1년 더 하기가 싫었다. 어느 대학이든 들어가서 자유를 만끽하고 싶었다. 고3 시절 누구보다 열심히 공부했기 때문에 후회는 없었다.

그런데 자꾸 아버지는 사촌 형과 비교하면서 나를 몰아붙였다. 사실 학창 시절에는 내가 사촌 형보다 성적이 더 좋았다. 비교하는 자체가 싫었다. 나는 사촌 형과 사이도 좋았는데, 그런 이야기를 듣고 나서 그와 사이가 멀어졌다. 난 아버지에게 왜 그런 것까지 비교하면서 나에게 재수하라고 강요하냐고 따졌다. 아버지에게 그렇게 하면 되지 않는데, 갈등을 빚었다. 결국 나는 재수 하지 않고, 점수에 맞추어 대학에 진학했다.

주변에서 "한 번 더 재수했으면 좀 더 좋은 대학으로 진학할 수 있지 않았을까?" 라고 물어보는데, 후회하지 않는다. 30년 가까이 지난 지금 관계에서도 누군가와 비교하는 순간 멀어지고 망치게 된다는 점을 알게 되었다.

글을 쓰기 시작했던 2015~2016년 사이 작가의 꿈을 꾸는 사람을 많이 만났다. 같은 꿈을 꾸고 있어서 처음부터 친해졌다. 글쓰기와 독서를 좋아하는 공통점이 있다 보니 시간 가는 줄 모르고 이야기꽃이 피었다. 이렇게 공통된 관심사가 있으면 보통 관계가 오래 지속될 것 같은데, 그렇지 않았다. 그 안에서 비교하기 시작한다.

나는 어떻게든 초고를 빨리 완성해서 책을 출간하고 싶었다. 매일 조금씩 원고를 썼다. 그렇게 원고를 두 달 안에 완성했다. 투고도 순조롭게 이루어져 빨리 출판사를 만나 계약까지 일사천리로 끝냈다. 대부분 동료 작가나 지인은 축하 인사를 건넸다. 그러나 가장 가깝게 지낸다고 여겼던 몇몇 사람은 아예 연락이 없었다. 처음에는 일상이나 업무가 바빠서 축하인사를 하지 못한다고 여겼다.

하지만 출간 계약 소식 이후로 연락이 없었다. 내가 연락해도 받지 않았다. 추후 문자 한 통이 도착했다. "계약하니까 좋아요? 나는 아직도 원고 1/3도 못 썼는데. 같이 끝내자고 해놓고 먼저 그렇게 앞서나가면 누가 기분이 좋겠어요? 어이가 없네."라는 내용과 함께. 내가 더 어이가 없었다.

내 입으로 같이 원고를 끝내자는 말을 한 적이 없었다. "그냥 같은 시기에 내면 좋겠다."는 이야기를 저렇게 해석하다니 황당했다. 내 추측으로 나와 비교하여 자신이 원고를 늦게 쓰기 시작하자 심술이 나지 않았을까 한다. 그 문자 내용을 지웠다. 답장도 하지 않았다.

관계에서 비교하기 시작하면 끝도 없다. 특히 자신보다 잘난 사람과 비교하면 시기와 질투가 먼저 시작된다. 그 사람의 성과나 성공에 대해 긍정적인 면보다 부정적인 면을 많이 이야기한다. 자신과 비슷하게 시작했는데, 더 잘되는 모습을 보면 분노가 생긴다. 이런 감정이 지속되면 자격지심이 생긴다. 열등감 덩어리가 되어버린다. 이제 그 사람을 보기가 싫어진다. 만나더라도 불편하다.

비교하지 않기 위해서는 우선 타인과 비교하는 행동부터 멈추어야 한다. 비교는 자신의 성장에만 초점을 맞춘다. 타인이 잘되면 나는 왜 저렇게 되지 못하지? 라고 여기지 말고, 진심으로 축하하자. 그리고 자신이 가진 것에 감사하는 마음을 갖자. 원래 관계가 나이가 들면 재산 수준에 따라 멀어지기도 한다.

SNS가 발달한 상황에서 어쩔 수 없이 남과 비교할 수 있다. 하지만 비교하는 순간 관계는 더 이상 이어갈 수 없다. 비교하지 말고 있는 그대로의 타인과 관계를 지속하자. 서로의 진심만 통하면 더 이상 비교할 일이 없다.

단호하게 표현하는 일도 중요하다

　몇 년 동안 잘 지내던 지인이 있다. 이전에 다니던 회사에서 업무로 만났다가 사적으로 친해진 사이다. 올해 이직하면서 보지 못하다가 얼마 전 그에게 전화가 왔다. 안부 차 궁금해서 물어보면서 고민이 있다고 털어놓았다. 도움이 될지 모르지만 한번 이야기를 해보라고 했다. 2년 전 건설사로 옮겨서 현재 팀장 역할을 맡고 있다. 아래 직원 때문에 고민이 된다고 한숨을 쉬었다.

　더 자세하게 말해보라고 했더니 잠시 뜸을 들이다가 말을 이어갔다. 팀원이 2명인데, 한 명은 30대 중반, 또 한 명은 20대 후반이다. 건

설사 일도 바쁜 시즌이 있어서 가끔 야근이 많다고 귀띔했다. 나이로 차별하고자 이야기하는 것은 아니지만, 그래도 30대 중반 팀원은 알아서 눈치 있게 야근하자고 하면 군말 없이 일한다.

그러나 20대 후반 직원은 말도 없이 퇴근 시간만 되면 인사하고 그냥 나간다고 했다. 자신이 시킨 일만 딱 하고 가는데, 그 일도 검토하면 엉망진창으로 해놓아 자신이 남아 다시 정리한 적이 많다고 했다. 거기까지 듣고 나는 아직 팀원이니 그럴 수 있지 않겠냐고 하면서 큰 고민이 아니지 않냐고 반문했다. 그러자 그는 그것보다도 그 팀원에게 말을 어떻게 해야 할지 모르겠다고 이야기했다. 스마트폰 너머로 들려오는 그의 한숨 소리가 유독 컸다.

나는 그 20대 후반 팀원이 자주 그런 행동을 하냐고 물었다. 한두 번이 아니라고 했다. 그러면 따로 불러서 이야기하면 되는데, 그게 왜 고민이냐고 다시 물었다. 자신의 성향은 담아두는 편이다 보니 그런 이야기를 잘 못한다는 것이었다. 내 입장에서 이해가 되지 않았다. 물론 나도 대놓고 상대방에게 이런 점이 나쁘다고 이야기하는 편은 아니다. 하지만 행동이나 태도가 잘못된 점은 단호하게 말한다. 그렇지 않으면 상대방이 모르기 때문이다.

나는 지인에게 팀원을 불러놓고 단호하게 타이르는 게 낫다고 조언했다. 그렇게 하지 않으면 팀장의 권위가 떨어지고, 그 직원은 자신 행동이 잘못되었다는 사실을 모를 수도 있기 때문이다. 지인은 그렇게 해보겠다고 하고 통화를 마쳤다. 전화 끊고 나서 나도 그런 적이 있는지 돌아봤다.

사실 나도 21년 차 직장인이지만, 여전히 사회생활을 잘한다고 생각하지 않는다. 낄 때 끼고 빠질 때 빠지는 속칭 '낄끼빠빠'를 잘 못한다. 말해야 할 타이밍에 단호하게 이야기하지 못하고, 하지 말아야 할 순간에 말해서 분위기를 싸하게 만들거나 상사가 창피할 때 있다. 또 상사가 뭐라고 하면 소심해져 그 앞에서 "죄송합니다." 라는 말을 남발한다.

단호하게 이런 점은 아니다 라고 말을 해야 하는데, 그렇지 못했다. 후배들에게 단호하게 말한다고 하지만 몇 번 고민하다가 겨우 말하는데, 그것도 우회적으로 표현한다. 마음이 좀 여리다 보니 싫은 소리를 잘하지 못해서다.

인간관계에서 단호하게 표현하지 못하면 다음과 같은 일이 일어난다. 첫째, 오해가 생긴다. 말을 하지 않으면 그 사람의 의도를 모른다.

애매하게 표현하면 오히려 혼란과 불필요한 갈등을 초래할 수 있다. 둘째, 표현하지 않다 보면 시간이 지나면서 감정이 쌓인다. 혼자서 괜히 분노만 생겨서 관계에 해를 끼칠 수 있다. 셋째, 자존감이 떨어진다. 표현할 때는 자신의 요구 사항을 말해야 한다. 넷째, 관계가 한쪽으로 너무 치우치게 되어 균형에 깨진다. 다섯째, 감정적 거리가 생긴다. 의사소통의 부족으로 정서적 장벽이 생겨 진짜 관계 형성이 어렵다.

관계를 잘 유지하기 위해서는 할 말은 해야 한다. 매번 좋게만 볼 수 없다. 사람은 누구나 장단점을 가지고 있다. 또 학교, 사회 등 각각 상황에 따라 맞는 태도와 예절이 분명히 존재한다. 이런 점을 잘 고려하여 어떤 관계에서라도 아니다 싶은 점이 있다면 단호하게 표현해야 한다. 물론 화내거나 짜증내면서 이야기하면 상대방도 거북할 수 있다. 감정도 에너지이기 때문에 부정적인 기운이 강하면 전염되기 때문이다.

혹시 자꾸 상대방에게 부탁이나 요구 등을 하고 싶은데 망설이게 되는가? 고민이 된다면 할 말을 미리 생각해서 종이에 적고 요약하자. 그리고 감정은 빼고 단호하게 웃으면서 표현하는 연습을 해보자. 단호하게 표현하는 것도 관계에서 중요하다.

상대방의 마음을 억지로 열려고 하지 말자

나는 아이가 셋이다. 첫째는 올해 중학교 3학년이 된다. 그 아래로 5학년, 초등학교 1학년이다. 모두 4살 터울이다. 첫째가 딸이고, 둘째와 막내는 아들이다. 딸과 아들을 모두 가진 아버지다. 시간이 지나면서 첫째 아이에게 늘 미안한 마음을 가지고 있다.

30대 중반 다니던 네 번째 회사에서 해고당하고 난 후 인생의 큰 방황을 겪었다. 그때 다녔던 회사는 약 4년을 다녔다. 다니는 동안 내가 할 수 있는 모든 최선을 다했다. 물론 내 기준에서다. 하루 출근해서 퇴근할 때까지 12~13시간 정도 프로젝트 성공을 위해서 내 한 몸을 바쳤다. 당시 첫째 아이가 3살이었다. 아내와 아이를 위해 시간을 써본 적이 별로 없다. 가장으로 열심히 일해서 돈을 벌어다 주는 일로 내 몫은 다했다고 생각했다. 아내가 첫째 아이 육아와 가사를 도맡아 했다.

당연히 회사 일 마치고 집에 돌아오면 밤늦은 시간이다. 일찍 와도 10시였다. 물론 스트레스 해소와 업무 접대 등으로 술자리도 많았다. 아이와 놀아줄 시간도 없었다. 피곤해서 집에 가면 자기 바빴다. 어쩌다 아내가 일이 있으면 혼자 아이를 보는 게 전부였다. 나가서 패스트푸드 가게에 데려가 햄버거와 감자튀김을 사주거나, 키즈 카페에 데려가서 혼자 놀게 내버려두었다. 아이와 어떻게 소통하는지 놀아줘야 하는지 애쓰지 않았다. 지금 생각하면 참 나쁜 아빠다.

그렇게 회사를 나오게 되고, 집에 혼자 있는 시간이 많았다. 아이와 있는 시간도 많아졌다. 하지만 왜 이렇게 나만 인생이 힘든지 혼자서 삭히고 있던 시절이다. 내 감정과 마음 상태가 좋지 않으니 모든 상황에 예민하게 반응했다. 당시 3살 첫째 아이가 놀아달라고 해도 "저리 가라!"고 소리치면서 외면했다. 아니 밀어냈다. 아이가 받았을 상처는 생각하지 못했다. 계속 그런 일이 발생하자 아내가 아이에게 왜 그러냐고 많이 혼났다.

시간이 지나면서 다시 회사를 옮겼다. 예전보다 야근이 많지 않지만, 진행하던 프로젝트가 멈추는 바람에 월급이 밀렸다. 또다시 예민하게 굴었다. 큰애가 5살이 되었다. 이제 어느 정도 말도 하고, 감정 표현도 알아듣는 나이다.

아내도 당시 일을 하고 있어서 늦게 들어오는 날이 많았다. 일찍 퇴근해서 밥 차려주고 났더니 몸에 힘이 빠졌다. 피곤하다는 신호다. 아이에게 씻고 자자고 말했는데, 듣지 않았다. 몇 번 반복되자 나도 모르게 욱해서 소리를 질렀다. "너는 왜 아빠 말을 안 듣는 거야? 몇 번이나 이야기했는데!"

깜짝 놀란 첫째 아이는 울기 시작했다. 보통 잘 울지 않는데, 그날따라 꺼이꺼이 하면서 엄마가 보고 싶다고 찾았다. 아내가 돌아오려면 아직 시간이 남았다. 아이를 달래야 하는데, 나는 또 왜 우냐고 다그쳤다. 아이는 그 이후로 나에 대한 마음을 닫은 것처럼 보였다. 이후 10년 넘는 세월이 지났지만, 첫째 딸과 개인적으로 둘이 놀러 가거나 식당에 가서 밥을 먹은 적이 한 번도 없다.

몇 년 전 딸과 친해지기 위해 이야기하고 싶었지만, 나를 피했다.

딸의 마음을 얻기 위해 억지로 선물도 사주기도 했다. 치킨이나 곱창 등을 좋아해서 가끔 시켜서 가족과 같이 먹으면서 마음을 열기 위해 내 나름대로 노력했다. 하지만 한번 닫힌 마음은 한 번에 열리지 않았다. 교감이 많이 없었던 터라 애착 관계가 약했다.

시간이 필요하다고 깨달았다. 흘러가는 대로 맡기면서 첫째 아이와 대화라도 길게 해볼 수 있게 노력했다. 다행히 내 유전자가 있다 보니 예능 프로그램이나 음악, 스포츠 경기 보는 것을 좋아했다. 공통점을 찾았다. 조심스럽게 퇴근 후 아이에게 이런저런 스포츠 경기 결과나 좋아하는 가수 정보 등을 찾아서 알려주고 물었다. 처음에는 시큰둥하던 아이도 지금은 5분 정도 이런저런 이야기 하는 정도로 발전했다. 참 감사한 일이다. 억지로 딸의 마음을 계속 열려고 했다면 지금도 사이는 평행선이었을지 모른다.

지금 관계가 좋지 않다고 갑자기 상대방의 마음을 억지로 열려고 하지 말자. 서운한 마음이 남아 있는데, 자꾸 억지로 열려고 하면 역효과가 난다. 시간을 주어야 한다. 상대방이 당신에 대한 마음이 가라앉을 때까지 기다려야 한다. 상대방의 마음은 그 사람 본인 마음이다. 내가 어떻게 할 수 없다.

중년이 되어 상처 주기 위해 거리 두는 법

"서울로 가야 성공할 수 있다. 아빠 말 들어!"

13살의 나는 이제 마흔이 된 아버지의 말씀을 거역할 수 없었다. 그 시절 경기도 광명시에 살고 있었다. 어린 시절부터 서울로 올라와 혼자 공부했던 아버지는 큰물에서 놀아야 인생에서 성공할 수 있다고 믿었다. 6학년 2학기 시작하는 날 나는 내 의지와는 상관없이 서울에 있는 한 초등학교로 전학을 가게 되었다. 그 선택은 외향적인 내가 내성적으로 성격이 변하게 되는 결정적인 계기가 되었다. 아니 어찌 보면 외향적인 면과 내성적인 면을 모두 가지게 된 것이다.

서울로 전학 간 첫날 나는 그 학급 친구들에게 따돌림을 당했다. 경기 촌놈이 왔다고 놀리는 바람에 매일 학교 가는 길이 지옥이었다. 내 마음 한구석에는 상처가 생겼다. 혼자 있는 시간이 많아졌지만, 외로움이 싫었다. 사춘기 시절을 거쳐 30대 초반까지 매일 사람을 만났다. 모든 사람에게 잘 보이고 싶었다. 웬만하면 상대방에 맞춰서 살았다. 그렇게 살다가 매번 관계에서 상처받았다.

나이가 들면 마음이 점점 무뎌지고 단단해질 줄 알았다. 세월이 흐르고 어른이 되면, 웬만한 일쯤에는 흔들리지 않고 살 수 있을 줄 알았다. 그러나 중년이 되어 마주한 내 마음은 생각보다 훨씬 연약했고, 관계는 여전히 어려웠다.

20대와 30대 시절은 사람과의 관계를 좁히는 법에만 몰두했다. 누군가에게 잘 보이고 싶어서, 혹은 친밀해지고 싶어서 때로는 내 진심을 넘어 무리한 걸음을 걷기도 했다. 그런데 세월이 흐르며 깨닫게 된 것은 사람과 사람 사이에도 적당한 거리가 필요하다는 것이었다. 너무 멀어서 외롭지 않도록, 또 너무 가까워서 서로에게 상처 주지 않도록, 그 알맞은 거리를 찾는 일이 바로 중년이 주는 숙제였다.

한때는 솔직한 것이 무조건 좋은 줄 알았다. 내 마음을 있는 그대로 보여주고, 상대의 마음에도 적극적으로 다가가면 그게 다 진심인 줄로만 여겼다. 그러나 지나친 솔직함이 누군가에게는 날카로운 칼이 되어 깊은 상처를 준다는 걸 알게 되었다. 한마디의 말이, 무심코 던진 표정 하나가 오래도록 상대의 마음을 괴롭히기도 한다는 것을 알게 되었다.

그래서 이제 나는 관계를 함부로 맺지 않는다. 조심스럽다. 상처를 주지도, 받지도 않기 위해 나의 마음과 상대의 마음 사이에 작은 틈을 만든다. 서로의 모든 것을 알지 않아도 괜찮다고, 꼭 모두에게 좋은 사람이 될 필요는 없다고 스스로 다정히 말해준다.

관계를 깊이 맺고 싶지만, 가까워지면 서로에게 상처를 주고야 마는 어설픈 중년의 나와 친구들에게 가장 필요한 것은 '적당한 거리 두기'였다. 그 거리는 외로움을 부르는 차가운 벽이 아니라, 서로를 보호하는 따뜻한 여백 같은 것이다.

이제 누군가와의 관계에서 나는 한 걸음 물러나 바라본다. 함부로 판단하지 않고, 무리하게 다가가지 않는다. 때로는 묵묵히 기다리며 상대의 속도를 존중하고, 내 마음도 무리하지 않게 조율한다. 섣불리 위로하지 않고, 과하게 공감하지 않는다. 때로는 그저 가만히 바라보며 기다리는 침묵이 더 큰 위로가 된다는 걸 알기 때문이다.

중년이 되어서야 비로소 이해했다. 모든 사람과 잘 지낼 수는 없다는 것, 모든 관계를 가까이할 필요도 없다는 것을 말이다. 인생은 한정되어 있고, 내 마음도 무한하지 않기에, 꼭 필요한 관계를 소중히 여기며 적당한 거리를 유지하는 일이 결국 나와 상대를 지켜주는 가장 좋은 방법이라는 것을.

나는 여전히 누군가를 사랑하고, 그리워하고, 만나고 싶다. 하지만 더 이상 급하게 달려가지는 않는다. 느린 걸음으로 다가가 천천히 웃으며 말한다. 너무 가까워서 서로의 날카로움에 베이지 않도록, 적당히 떨어져 서로의 모습을 아름답게 바라볼 수 있도록 말이다.

중년의 관계는 그렇게 아름다운 거리를 유지하는 법을 배우는 과정이다. 너무 뜨겁지 않게, 너무 차갑지도 않게. 그렇게 나를 지키고 상대를 배려하며 천천히 함께 걸어가는 것이 이제는 참 좋다.

중년 이후 인간관계는 "가볍게 그러나 따뜻하게"

"오늘도 농구 한 게임 해야지!"

점심시간 벨이 울리자마자 친구들과 우르르 운동장으로 향한다. 운동장 구석에 있는 몇 개 되지 않는 농구 골대를 선점하기 위해서다. 달리기가 빨랐던 나는 항상 먼저 가서 골대 하나를 예약했다. 같이 몰려다니던 친구가 6명이다. 3대3으로 항상 팀을 나눠 농구를 했다. 대한민국 남자 평균 키를 가진 나는 항상 가드 포지션이었다. 키가 큰 친구에게 패스하는 재미가 쏠쏠했다.

수업이 끝나고 늦은 밤까지 공부했다. 대학 입시를 위해서다. 지금 언급하고 있는 시절은 바로 고등학교 다닐 때다. 그때는 한창 무엇을 해도 배가 고플 때라 야간자율학습이 끝나면 친구 무리와 함께 분식점으로 달려갔다. 떡볶이와 순대, 어묵 국물을 나누어 먹으면서 입시 스트레스를 날렸다.

대학에 들어가서 오히려 매일 동기, 선후배들과 어울렸다. 지금 생각해도 참으로 즐겁게 지내던 시절이다. 수업이 끝나면 바로 집에 가지 않고, 당구장에 갔다. 동기들에 비해 한참 모자란 실력으로 매번 내기에서 졌다. 그들과 같이 있는 것만으로도 행복했다. 한 게임 후 술집으로 향한다. 어떻게 세상이 돌아가는지, 여자 친구는 있는지 등 시간 가는 줄 모르고 술잔을 기울이며 이야기꽃을 피웠다.

대학 졸업과 동시에 전공을 살려 취업했다. 매일 야근과 주말 출근 등의 연속이었다. 아직 일이 익숙하지 않아 상사에게 매번 혼났다. 스트레스로 인해 몸과 마음이 지쳐갔다. 같이 입사한 동기와 술 한 잔으로 그날의 시름을 잊었다. 직급이 올라가면서 일을 해결하기 위해서는 인맥이 필요했다.

여러 번 이직을 통해 30대 중반 팀장 직책을 맡았다. 직급은 과장이지만 사장님 아래로 아무도 없었다. 보통 회사에는 사장 이하 전무, 상무, 이사 등의 임원과 부장, 차장 등의 고참 직원이 있다. 나는 과장이지만, 위 직급 사람이 없다 보니 자연스럽게 팀장 업무를 수행해야 했다. 아직 경험이 부족하다 보니 많은 사람에게 물어봐야 했다. 그렇게 하다 보니 자연스럽게 많은 타 분야 업계에서 일하는 인맥이 쌓였다.

하지만 그 인맥도 잘 나갈 때만 좋다. 다니던 회사에서 해고당해 나가게 되자 정말 신기루처럼 사라졌다. 나는 아무리 바빠도 타인이 도와달라고 하면 발 벗고 나섰는데, 정작 내 도움이 필요할 때는 아무도 없었다. 스마트폰 연락처에 수백 명이 저장되어 있었지만, 연락하니 모두 외면했다. 그래도 소수의 좋은 인맥이 남아 있어서 다시 한번 재기할 수 있는 발판을 마련할 수 있었다.

마흔이 넘어서 많은 사람을 정리했다. 만나면 에너지가 빨리는 사람부터 천천히 내 방식대로 연락하지 않았다. 또 자신의 이득을 챙기기 위해 친절하게 접근했던 사람도 피했다. 결혼 이후로도 많은 외부 모임으로 인해 가족에게 많이 신경 쓰지 못했다. 지금 생각하면 오판이었다. 이제 와 남는 건 가족과 내가 솔직한 이야기를 나눌 수 있는 소수의 지인, 친구뿐이다.

어릴 땐 친구가 많아야 든든하고, 직장에선 인맥이 자산이라 배웠다. 하지만 중년이 되니 깨닫는다. 남는 건 깊고 편한 관계라는 것을.

이제 중년이 되면 모든 인간관계에 에너지를 쏟기보다, 마음이 가는 사람에게 가볍지만 따뜻한 관심을 주는 것이 좋다. 먼저 연락하지 않는다고 서운해할 필요 없다. 오랜만에 연락이 와도 반갑게 맞이하면 된다.

만나서 커피 한 잔의 온기만으로도 관계는 이어진다. 바쁘다는 핑계 대신, 짧은 안부 한 마디라도 전하며 작은 다리를 놓아보자. 중년의 인간관계는 '많음'이 아니라 '지속됨'에 의미가 있다. 중년 이후 인간관계는 "가볍게 그러나 따뜻하게" 유지하면 그만이다.

이제야 알게 된 관계의 무게와 거리

2025년 2월 어느 날 오랜만에 초등학교 죽마고우를 만났다. 지방 출장을 마치고 서울로 돌아오는 중 우연히 시간이 맞아서 건대입구역 근처에서 저녁을 먹게 되었다. 이제 알게 된 지도 35년이 넘어간다. 시간이 참 빨리 지나간다. 3시간 정도 같이 이런저런 이야기를 나누다가 관계 이야기가 나왔다.

"상열아, 나도 사업 때문에 여러 사람을 만나지만, 초등학교 시절 친구만큼 편하게 이야기할 상대가 없네. 다들 자기 실속 채우기 바빠."

"다 그렇지. 아직도 나는 순진해서 진짜 좋은 사람인지 아닌지 구분할 안목이 없어. 그렇다 보니 많은 상처 받고 주기도 해. 나이가 드니 점점 주위에 사람이 없어지네. 네 말대로 어린 시절 친구가 가장 편하다."

정말 편했다. 아무런 허물없이 편하게 이야기할 수 있는 것도 오랜만이었다. 삶을 살아가며 우리는 많은 관계를 맺는다. 부모, 형제, 친구, 연인, 동료… 우리의 일상은 서로 다른 사람들이 얽히고설킨 관계들로 이루어져 있다. 그 속에서 우리는 행복을 느끼기도 한다. 때로는 상처받기도 한다. 그런데 관계는 언제나 간단하지 않다. 아무리 가까운 사람이라 해도, 그 관계의 무게와 거리는 우리가 예상하는 것과는 다른 모습으로 다가온다.

어릴 때는 관계를 너무 쉽게 생각했다. 부모님의 사랑을 당연히 여겼다. 친구들과의 우정은 흔들리지 않는 것처럼 느껴졌다. 연애할 때도 처음에는 그저 달콤한 순간들이 계속될 것만 같았다. 하지만 시간이 지나면서 그 관계들 속에 숨겨진 무게를 실감하게 되었다. 우리가 사랑하는 만큼, 그 사랑은 우리에게 부담이 되기도 한다는 사실을 이제야 알게 되었다.

친구 관계 역시 시간이 흐를수록 달라진다. 젊은 시절에는 그저 함께 웃고 떠드는 시간이 소중하게 느껴졌지만, 중년이 되면서 친구들이 나의 삶에 미치는 영향은 점점 커진다. 그들의 걱정, 기대, 그리고 간혹 느껴지는 불편한 침묵 속에서 관계의 무게가 느껴진다. 예전 같지 않다. 우리는 서로에게 더 많은 것을 기대하고, 그 기대에 부응하지 못하면 거리감이 생긴다. 때로는, 그런 거리가 또 다른 상처를 남긴다. 우리가 서로를 이해하려고 하지만, 결국 그 이해는 너무 늦게 이루어지는 경우가 많다.

연애나 부부 생활 역시 마찬가지다. 사랑은 처음에 불타오르지만, 그 불꽃이 꺼지지 않게 하려면 노력과 시간이 필요하다. 연애 초반의 설렘과 달콤함은 시간이 지나면 점차 현실적인 문제들로 변해간다. 서로의 성격, 습관, 그리고 가치관을 맞춰가며 살아가다 보면, 그 관계의 무게는 점점 더 크게 다가온다.

그리고 그 무게는 사랑만으로는 다 감당할 수 없다는 사실을 알게 된다. 때로는 내가 원하는 것과 상대가 원하는 것이 맞지 않아 큰 갈등을 겪기도 한다. 결국, 사랑의 거리는 그 사람을 얼마나 이해하고, 얼마나 받아들일 수 있는지에 따라 결정된다.

그리고 또 하나, 나 자신과의 관계. 나는 늘 내 감정과 생각을 간과해왔다. 타인과의 관계 속에서 나 자신을 잃어버렸다. 내가 무엇을 원하는지 몰랐다. 나만의 공간을 찾고, 나만의 시간을 가지려 할 때마다, 그 안에서 느껴지는 고독의 무게는 또 다른 형태의 거리가 된다. 결국, 내가 가장 가까운 사람은 나 자신이라는 사실을 인정하면서도, 나 자신과의 관계는 여전히 어려운 과제처럼 느껴진다.

그동안 나는 관계 속에서 무언가를 얻으려고 했다, 그것을 통해 내 존재감을 찾으려 했다. 그러나 이제 깨닫게 되었다. 관계란 단순히 주고받는 것이 아니라, 서로를 이해하고, 때로는 그 이해를 넘어서서, 그 사람과의 거리를 조절할 줄 아는 능력이다. 사랑하는 만큼, 그 관계에 대한 책임도 커지고, 그 무게를 감당하는 법을 배우게 된다.

마흔 후반이 된 지금 그 거리를 두고 살짝 물러서서, 관계를 바라보려 한다. 가까이 다가가면 다가갈수록 무겁고, 멀어지면 멀어질수록 차가운 것처럼 느껴지는 그 거리의 법칙을, 이제야 조금씩 알게 된 것이다. 관계의 무게는 우리가 함께 걸어가는 길에 따라 달라지고, 그 거리는 우리가 얼마나 서로를 존중하고, 이해할 수 있는지에 따라 변한다. 그 무게를 덜어내고, 그 거리를 잘 조절하는 것이 진정한 관계의 의미일지도 모르겠다.

그래서 나는 오늘도 조금씩 나아간다. 무겁지 않게, 멀어지지 않게, 나와 다른 사람들 사이의 거리를 지켜가며.

편한 것과 선 넘는 것은 다르다

군 제대 후 대학교를 졸업할 때까지 많은 아르바이트를 수행했다. 과외, PC방 관리, 식당 서빙 등 아르바이트를 시간 날 때마다 다양하게 했다. 대학교 4학년 시절 PC방 관리 아르바이트하던 시절에 만났던 후배가 있다. 그 시절 나보다 2살 어린 후배로 군대 입대 전 돈 좀 모으기 위해 왔던 것으로 기억한다.

붙임성도 좋고, 시킨 일도 곧잘 해서 금방 친해졌다. 한 달 정도 지나자, 말하지 않아도 PC방 관리도 알아서 할 만큼 일도 잘했다. 사장님도 흡족했는지 나는 주간 시간으로 빠지고, 후배가 야간 시간에 단독으로 매장을 관리하기 시작했다.

PC방 관리 아르바이트는 보통 12시간을 기준으로 2교대로 하거나, 3명이 겹쳐서 8시간씩 3교대로 근무했다. 그 당시 내가 일하던 매장은 나와 후배가 12시간씩 맡고 있었다. 사장님은 낮에 잠깐 오셨다 다른 매장 관리로 오시는 날이 많지 않았다. 혼자 일하다 보니 심심하긴 했지만, 사장님이 그렇게 하기로 한 결정이라 어쩔 수 없었다. 낮에는 학생 손님이 많아서 그들에게 맞추어 관리만 하면 편했다.

어느 날 아침이다. 후배와 교대하기 위해 출근했는데, 쓰레기도 그대로 있다. 오늘 낮에 제공해야 할 음료수도 냉장고에 넣지 않았다. 그런 적이 없어서 약간 놀랐다. 후배에게 물었다. 오늘 할 일을 하지 않았냐고. 카운터에서 엎드려 있는 그가 눈을 비비며 일어난다. 피곤해서 못했다고. 그래도 할 일은 해야지. 피곤해서 못하면 어떡하냐고 다시 물었다.

갑자기 "아이씨, 내 근무 시간 끝났는데, 자기가 하면 되지. 왜 자꾸 잔소리야!" 라고 소리친다. 어이가 없어서 지금 무슨 망발이냐고 따졌다. "지금 하면 되잖아요. 짜증나게!" 라고 창고로 향한다. 그 한마디에 나도 더 이상 참지 못하고 그의 팔을 잡았다. "너, 지금 나한테 화내는 거냐?"

내 팔을 뿌리치더니 "형, 제가 알아서 할게요. 야간 근무 때 너무 힘들어서 어제 못 치운 건데, 갑자기 그러시니 화가 나네요!"라고 다시 창고로 갔다. "야! 너 무슨 말을 그렇게 심하게 해? 아무리 내가 편하더라도 할 말이 있고 안 할 말이 있지? 너 왜 그러는 거야?" 다시 받아치면서 멈추라고 했다.

그는 갑자기 쓰레기통을 나에게 집어던졌다. "아! 진짜. 오늘 짜증 나게 하네. 나 오늘까지 일하고 그만둔다고 사장한테 이야기할게요. 형 때문에 못다니겠다고." 나도 이성을 잃었다. 몸싸움까지 가게 되었다. 다행히도 아침 일찍이라 손님이 많지 않았다. 그 모습을 본 단골 손님이 우리 둘을 말리고, 사장님에게 전화했다.

자초지종을 사장님께 이야기했다. 나도 3일치 감봉, 후배는 잘렸다. 사장님이 후배를 자른 이유는 아무리 그래도 나이 많은 상급자에게 선 넘는 행동을 했기 때문이라고 이야기했다. 후배는 그제야 정신 차리고 나에게 사과했지만, 이미 때는 늦었다.

인간관계에서 아무리 친하고 편하더라도 적당히 용납할 수 있는 한계가 있다. 그것을 깨고, 자신 마음대로 선 넘는 행동을 하게 되면 그 관계는 오래갈 수 없다. 선을 넘지 않기 위해서는 다음과 같은 방법이 효과적일 수 있다.

첫째, 명확한 개인적인 경계를 설정한다. 누가 이 선을 넘는다고 하면 기분이 나쁠 수 있는 자신만의 명확한 경계를 정의하고 상대방에게 제대로 알려준다. 서로의 한계를 존중하는 방법이다.

둘째, 상대방에게 말하기 전에 잠시 멈추자. 친하고 편하다고 해서 바로 말하지 말고, 자신의 말이나 행동이 상대방에게 어떤 반응을 줄 수 있을지 잠시 생각하자. 해도 되는 말이라면 그때 상대방에게 해도 늦지 않다.

셋째, 공감과 자기 통제를 미리 실행하자. 자신 말과 행동이 상대방에게 어떤 영향을 미칠지 미리 고려한다. 말을 할 때 존중과 배려를 담아 전달하면 선 넘는 행위를 방지할 수 있다. 결국 상대방에 대한 존중과 배려는 가까운 사이일수록 더 필요하다.

나도 선 넘는 행동을 통해 많은 사람과 관계가 단절되었다. 쓸데없는 말을 하거나 감정적으로 욱해서 친하다고 생각한 사람들에게 상처를 주기도 했다. 선을 넘는 행동은 진짜 조심해야 한다. 특히 친한 사이일수록 말 한마디에 더욱 신경 써야 한다. 부디 선 넘는 행동으로 좋았던 관계를 무너뜨리지 말자.

만약 상대방에게 짜증을 내고 있다면
이것 때문이다

"안 씻어. 안 씻는다고. 저리 가! 이 자식아."

"이제 씻고 자야지. 얼른 옷 벗어."

"싫어. 싫다고. 안 씻어."

"얼른 옷 벗어!"

순간 나도 모르게 소리를 질렀다. 나의 큰 소리에 8살 막내 아이가 놀랐다. 한창 말을 듣지 않는 나이다. 평소 같으면 몇 번 달래면서 옷을 벗을 때까지 기다렸다. 그러나 오늘은 그렇지 못했다. 또 참지 못했다. 무엇이 문제일까?

잠시 예민해진 것 같아 방으로 다시 들어갔다. 방으로 막내가 들어온다. 갑자기 씻겠다고 한다. 더 이상 참지 못한 나는 그냥 씻지 말라고 소리쳤다. 또다시 놀란 막내는 나갔다. 밖에서 서럽게 울고 있는 소리가 들린다. 첫째 딸이 들어와서 막내 좀 씻겨 달라고 조용히 요청한다. 머리가 너무 아프고 몸에 힘이 떨어진 상태였던 나는 잠시 정신 좀 차리고 나간다고 이야기했다.

5분 뒤 방에서 나가 막내에게 다가갔다. 여전히 울고 있다. 아무래도 나 때문이다. 잠시 안아주고, 욕실로 데려갔다. 날씨가 추워서 얼른 씻기고 나왔다. 여전히 시무룩하다. 표정이 좋지 않으니 미안했다. 다시 안아주고, 미안하다고 빌었다. 일단 첫째가 방에 데리고 들어가서 재웠다.

다시 방으로 들어와서 앉았다. 가족에게 짜증 내지 말자고 해놓고 반복했다. 짜증낸다는 의미는 지금 내가 예민하다는 증거다. 예민하다는 것은 쉽게 이야기해서 현재 나의 에너지가 고갈되었다는 의미다. 하루 종일 바쁘게 회사 업무에 집중하고 다른 일에 신경 쓰다 보니 활력이 사라졌다. 에너지가 남아 있어야 다른 사람도 돌아보는데, 그렇지 못했다.

비단 오늘만 그랬다면 그냥 넘어갈 수 있다. 하지만 돌아보면 나에게는 이런 일이 비일비재했다. 아니 365일 중 250일 이상은 넘었다. 나이가 들면서 활력이 떨어지는 이유도 있지만, 너무 많은 일에 신경을 쏟다 보니 정작 가까운 사람에게 에너지 고갈로 예민하게 군 적이 많다. 평상시에는 아무것도 아닌 일로 넘기지만, 에너지 고갈이 오는 순간 나는 폭군이 된다. 참으로 부끄럽다.

왜 이런 걸까? 에너지가 고갈되면 타인에게 짜증이 나는 이유가 무엇일까?

첫째, 에너지가 떨어지게 되면 내 감정을 효과적으로 관리할 수 있는 능력이 줄어든다. 작은 문제도 굉장히 크게 느끼면서 참기가 어렵다. 특히 좋지 않은 일이 겹치게 되면 이런 현상이 가끔 나타난다. 또 하루 종일 몰아치는 회의와 외근 등으로 이미 에너지가 소진되어 퇴근하면 빈번하게 일어난다.

둘째, 스트레스에 대한 민감도가 증가한다. 피곤한 상태에서 외부 자극에 더 민감해진다. 평소에는 신경 쓰지 않던 타인의 행동도 짜증이 난다. 적대적으로 느끼기도 한다. 위에 언급한 아이와 나의 상황이 그렇다. 육아하는 부모라면 많이 느낀다.

셋째, 공감 능력이 저하된다. 에너지가 고갈되면 이미 타인의 말이 귀에 들어오지 않는다. 상대방의 관점을 이해하기 어렵다. 자신의 불만에만 집중하게 된다.

그럼 이런 상황을 어떻게 극복해야 할까? 첫째, 충분한 수면과 휴식을 취한다. 물을 충분히 마신다. 이런 노력을 통해 떨어진 에너지를 회복해야 한다. 둘째, 짜증이 나면 잠시 멈추고 내 감정 상태를 미리 확인하자. 타인에게 즉각적으로 반응하지 말고, 잠시 멈추자. 심호흡하면서 나를 진정시켜야 한다. 현재 내가 에너지가 고갈된 건지 아니면 진짜 타인에게 짜증이 났는지 따져보자.

마지막으로 상대방에게 내가 지금 피곤하고 에너지가 고갈되었으니 잠시 쉬겠다고 먼저 알리는 것도 좋다. 가능하다면 혼자만의 시간을 가지면서 에너지를 회복하자. 좀 괜찮아질 때까지 기다리자.

에너지 관리도 관계에서 참 중요하다. 나도 이제야 에너지 관리를 잘 활용하려고 한다. 스트레스가 심하면 에너지가 금방 소진한다. 자신만의 마음과 감정을 잘 돌아보고, 에너지 충전을 위해 평소에도 관리에 신경 쓰자. 오늘도 에너지 고갈 전에 자야겠다.

3장

혼자가 되는 시간이 필요한 이유

혼자가 된다는 것은 또 다른 기회가 될 수 있다

코로나19가 한창 유행하던 2020년에 국민 메신저 카카오톡에 채팅방이 기하급수적으로 늘었다. 사람들이 직접 모일 수 없다 보니 온라인 공간에서 많은 모임과 강의가 진행되었다. 화상 강의가 대세가 되고, 가상공간에서 사람들이 모여 이야기를 나누게 되었다. 온라인이 중심이 되는 세상이 서서히 올 줄 알았지만, 전염병이 그 속도를 앞당겨 버렸다.

나도 그 당시 우연한 기회가 되어 글쓰기 강의를 온라인으로 하게 되었다. 사람이 많지 않던 채팅방이 강의하면서 많은 사람이 유입되기 시작했다. 온라인 공간에서 오랜만에 새로운 사람을 알게 되니 반가웠다. 서로 다양한 사람이 소통하기 시작하면서 채팅방 분위기도 활기가 넘쳤다. 아침 인사를 시작해서 좋은 문구 공유, 서로 간의 안부를 물었다. 자신의 일상 사진도 공개했다.

나도 다른 많은 채팅방에 가입했다. 그렇게 2년 정도 많은 사람과 채팅방에서 소통하다가 유독 한 채팅방에서 내가 이야기하면 조용해졌다. 내가 하는 말에는 반응하지 않는다. 내가 조용하면 그들끼리 시끄럽게 채팅을 시작한다. 한두 번이 아니었다. 눈치가 없는 나도 몇 번 보다 보니 나를 철저하게 투명 인간 취급한 것이다. 몇 번 참다가 한 사람이 아직도 안 나갔냐는 식의 이야기를 남겼다. 거기서 갑자기 감정이 폭발한 나는 두 번 고민하지 않고 채팅방을 나왔다.

작년 연말 모임에서 만난 후배가 잠깐 고민 상담 차 만났다. 반가운 마음에 웃으면서 인사했지만, 후배 표정이 어두웠다. 무슨 일 있냐고 물어보니 회사를 나오고 싶다고 고백한다. 왜 그러냐고 했더니 근무하는 팀 안에서 자신만 남자고, 상사나 동료가 다 여자라서 힘들다고 했다. 사회생활이 원래 다 그런 거 아니냐 하면서 나는 대수롭지 않게 이야기했다.

그러자 후배가 갑자기 화를 냈다. 선배는 아무것도 모르면서 그렇게 태연하게 이야기할 수 있냐고. 당황한 나는 차근차근 그에게 흥분하지 말고 이야기해보라고 했다. 후배는 중간관리자다. 위로는 여자 상사가 있다. 아래는 여자 대리와 사원이 같은 팀이다. 여자 상사는 후배와 잘 맞았다고 한다. 일하는 스타일, 사적인 친밀감 등도 선을 넘지 않는 선에서 잘 유지가 되었다.

여자 신입사원이 들어오면서 관계에 문제가 생겼다. 후배가 여자 신입직원에게 일을 시키면 바로 위 여자 대리에게 달려가 너무 어려운 것만 시킨다고 일러바쳤다. 또 후배가 신입직원에게 시킨 일에 대한 피드백으로 말하면 바로 울기 시작한다.

그 모습을 본 여자 대리가 여자 상사에게 후배와 같이 일 못하겠다고 보고했다. 이후 여자들끼리 뭉쳐 다니면서 후배를 철저히 무시했다. 인사도 받지 않고, 식사나 회식 자리도 부르지 않았다고 하니 후배가 스트레스가 심했을 거라 짐작이 되었다.

그렇게 반년을 보내니 사람이 피폐해질 것 같다고 어떻게 하면 좋겠냐고 나에게 물어본다. 정답은 없지만 나는 얼른 그 회사를 그만두라고 말했다. 좋은 회사라도 매일 보는 사람들과 어느 정도 잘 지내는 일상이 더 좋지 않겠냐고 조언했다. 아무리 일이 좋아도 관계가 나쁘면 더 이상 그 공간에서 네가 버티지 못할 것 같다고 솔직하게 덧붙였다. 얼마 후 후배의 기분 좋은 목소리가 전화기 너머로 들려왔다. "형! 나 사표 던지고 나왔는데, 왜 이리 기분이 좋지?"

오랜 시간 잘 지내온 친구라도 어떤 계기로 관계가 끝날 수 있다. 아무리 좋은 조건의 회사라도 그 안의 사람들과 잘 지내지 못하면 계속 다닐 수 없다. 하지만 많은 사람이 그 사람과 보낸 시간이 아까워서, 어떻게 들어온 회사인데 이런 이유로 그만두지? 등의 이유로 억지로 그 관계를 유지한다.

어떤 이유로 투명 인간 취급을 받거나 모임에서 소외감에서 벗어나고 싶다면 지금 내가 왜 이 사람에게 무시나 거부당하는지 초점을 맞추는 게 아니라, 이젠 그 관계를 끝내고 혼자가 되는 것이 참 좋다고 생각해야 한다.

나이가 들면서 그런 쓸데없는 관계에 시간을 보내는 것만큼 어리석은 일이 없다. 자신과 맞는 새로운 관계 만들거나, 혼자 있는 시간을 어떻게 하면 알차게 보낼 수 있을지부터 고민하자. 시간이 지나면서 각자의 상황이 변하면 인간관계도 늘 새롭게 정비된다는 사실을 잊지 말자.

감정 쓰레기통에 빠지거나 버리지도 말자

"요새 하는 회사 업무로 미칠 것 같아. 나 어떡하지? 일도 많고, 진행이 잘되지 않아."

"또 시작이냐?"

"뭐가? 또 시작이냐고 말하는 거야?"

"상열아, 잘 들어봐. 기분 나빠 하지 말고. 너 난 만날 때마다 매번 힘들다는 이야기만 하는 거 알고 있냐?"

"내가 언제? 그냥 나도 스트레스를 받으니까 너 만나면 그냥 이야기하고 싶었던 거지."

"야! 그런 이야기도 한두 번 해야지. 매번 들으면 나도 우울해져. 그리고 나도 사는 게 힘든데, 너는 내 이야기는 언제 한번 들어본 적 있어?"

20대 후반 지금 하는 회사 일로 많이 힘들었다. 계속되는 야근, 갑질하는 발주처, 잊을만 하면 시작되는 임금체불 등 여러 문제가 나를 괴롭혔다. 그냥 삭히거나 참으면 되는데, 나는 꼭 누군가에게 이야기해야 스트레스가 좀 풀렸다. 매일 저녁에 누군가를 만나 이야기해야 감정이 가라앉았다. 사람을 만나면 술이 항상 동반되었다. 술 한 잔에 같이 시름을 날릴 수 있었다.

많은 지인, 친구, 선후배를 만났지만 그래도 편한 사람은 소수다. 자주 만나는 동네 친구가 있었다. 힘들 때마다 그에게 전화하면 약속하지 않아도 늦게 술 한 잔 기울였다. 그 친구는 내 이야기를 잘 들어주었다. 그러다가 친구도 이젠 나의 힘든 이야기가 듣기 싫었는지 처음으로 정색하고 나에게 충고한 것이다.

정신이 번쩍 들었다. 나는 단지 내가 힘들었던 이야기를 그냥 친구가 들어줬으면 하는 것뿐이다. 하지만, 그는 이제 반복되는 나의 힘든 이야기에 지친 것이다. 처음에는 내 이야기를 들었지만, 이제는 나로 인해 부정적인 감정에 빠졌다. 나는 그를 '감정 쓰레기통'으로 사용한 것이다.

글쓰기 스쿨을 운영하고 있다. 코로나19가 유행했던 2020년 여름에 〈닥치고 글쓰기〉라는 프로그램으로 시작했다. 글쓰기가 어렵거나 쓰기 어려운 사람을 대상으로 진행했다. 약 2년 넘게 진행하다가 지금은 잠깐 쉬고 있다. 수강생 중 한 명이 글을 쓰다가 어려움을 토로했다. 수강생이 어려우면 도와주는 게 강사의 몫이라 그가 연락할 때마다 최선을 다해 알려주었다.

그런데 하루 24시간 시도 때도 없이 궁금한 게 있거나 글 쓰다 잘되지 않으면 연락했다. 낮에는 회사에서 회의나 외근으로 바쁜데도 그녀는 자신의 글쓰기 스트레스가 제일 우선이니 빨리 해결책을 내놓으라 했다.

잠시 일이 있어서 기다려 달라고 정중하게 답장해도 계속 문자로 먼저 알려달라고 난리 쳤다. 아무래도 좀 지나쳐서 퇴근 후 저녁에 전화해서 말했다. 궁금한 것은 한꺼번에 정리해서 주말에 한 번 연락하면 답을 주겠다고. 막무가내였다. 이야기를 듣지 않는다. 내가 돈 내고 배우는데, 다른 일이 뭐가 중요하냐고 반문한다. 그것보다 매번 연락할 때마다 감정적인 이야기를 쏟아 부었다. 내가 그 수강생의 '감정 쓰레기통'이 된 것이다.

　자신의 주변 사람에게 혹시 편하다고 '감정의 쓰레기통'으로 활용하고 있지 않은가? 아니면 자신이 누군가에게 그렇게 감정 투기를 당하고 있지 않은가? 단지 그 편한 사람에게 내 감정을 쏟아냄으로써 뭔가 편안함을 느낀다면 당장 그만두자. 또 반대로 누군가가 당신에게 그런 대상으로 생각해서 자꾸 자신이 힘든 이야기를 꺼낸다면 감정이 전염되기 전에 단호하게 대처하자.

　감정의 쓰레기통이 되지 않으려면 다음과 같은 방법을 사용하자. 첫째, 명확한 경계를 설정하자. 상대방에게 자신이 할 수 있는 이야기의 양과 사실만 전달하는 것이다. 감정을 실어서 계속 이야기하지 말고, 간단하게 이야기 후 털어버린 정도로 끝내자.

　둘째, 문제 해결책을 같이 고민한다. 힘들다고 감정만 쏟아내지 말고, 상대방에게 해결책이 있는지 같이 고민한다. 좀 더 도움이 되는 대화가 오갈 수 있다. 셋째, 반복하지 말고, 균형을 맞추어야 한다. 한두 번 정도로 힘들다고 끝내자. 그리고 상대방의 이야기도 같이 들어주고 고민하자. 서로 상부상조한다는 소통이 가장 중요하다.

관계는 서로 균형이 맞아야 가장 중요하다. 진솔한 소통을 통해 서로의 감정을 이해할 수 있도록 한다. 다만 그 감정을 너무 지나치게 상대방에게 쏟아붓는 행동은 삼가야 한다. 더 이상 "감정 쓰레기통"에 빠지거나 버리지도 말자.

내가 생각해서 하는 말인데

 몇 년 전 친하게 지냈던 지인이 있다. 같이 책을 쓰는 공통점과 비슷한 또래라 쉽게 친해졌다. 몇 번의 술자리를 가졌다. 이런저런 이야기 하다가 일이 잘 풀리지 않아 고민을 이야기한 적 있다. 그럴 때마다 "내가 너 생각해서 하는 말인데."나 "정말 잘 되길 바라는 마음에서." 의 표현을 꼭 앞에다 붙였다.

 한두 번 들을 때는 정말 나를 생각해서 진심으로 조언을 해주는 줄 알았다. 하지만 만날 때마다 쓸모없는 오지랖이 늘었다. 내가 고민 상담을 요청하지 않았는데도 먼저 "이렇게 해라! 저렇게 해라." 등의 잔

소리가 많아졌다. 그만하라고 이야기해도 멈추지 않았다. 좀 강한 어조로 이야기하자 뭐 그런 걸로 화를 내느냐고 핀잔을 준다.

새 책이 출간되거나 새로운 강의 제안을 받은 소식을 들으면 개인 메시지로 부럽다는 한마디만 보낸다. 그 문자를 보는 나는 뭐라고 답변해야 할지 난감했다. 보통 사람이면 축하한다고 하지 않을까? 자신이 조언해준 나는 성과를 내는데, 본인은 그렇게 못해서 부러운 건가? 아니면 시기하는 건가? 참 못났다는 생각이 들었다. 자신이 친한 사람이 잘 되면 그냥 축하해주고 같이 기뻐하면 되는데. 그렇지 않았다.

주변에 꼭 잔소리하고 비아냥대는 사람이 있다면 무시하자. 그런 사람은 직접 해보지 않았기 때문에 이런저런 쓸데없는 이야기를 할 수 있다. 실제로 경험해 본 사람은 절대로 타인을 놀리지 않는다. 그 과정을 다 겪어봤기 때문에 당사자가 물어보면 대답은 해주지만, 괜한 오지랖으로 참견하지 않는다.

"나는 내 생각을 말하는 거야!"라고 말하는 사람들의 특징은 아래와 같다. 첫째, 다른 사람의 말을 잘 듣지 않는다. 실수한다. 아내와 이야기할 때 그런 의도는 아닌데, 꼭 내 생각을 말할 때는 집중하지만,

타인의 의견을 경청하는 것을 잊어버리기도 한다.

둘째, 그들은 자주 자신이 옳다는 것을 증명하려고 한다. 자신의 의견을 굳게 믿고 끝까지 밀고 나간다. 다른 사람의 관점은 무시한다. 예를 들어 책 쓰기 경우 이렇게 써도 좋다고 다르게 이야기해도 계속해서 자신이 썼던 방식만 고수해서 관철하려고 한다. 아주 피곤한 스타일이다.

셋째, 다른 사람이 불편함을 느낄 수 있다. 그렇게 의도한 바는 아니지만 타인의 생각을 존중하지 않거나 논쟁을 벌이는 것처럼 보일 수 있다. 오늘 아내와 대화하다가 그런 의도는 아니었는데, 아내의 생각을 존중하지 않았다. 매사에 이런 식으로 대화하다 보니 결혼 생활 동안 아내가 참 힘들었다. 지금도 타인이 불편하게 느낄 정도면 나도 반성해야겠다.

"내가 너 생각해서 하는 말인데."라고 하는 말을 하지 않기 위해서는 다음과 같은 방법이 필요하다. 첫째, 먼저 듣는 연습을 해야 한다. 경청을 잘하는 것이다. 조급해도 내 생각을 공유하기 전에 잠시 시간을 내어 먼저 타인의 말을 끝까지 듣는다.

둘째, 배워야 한다. 내 질문에 동의하지 않거나 엉뚱한 답을 해도 상대방의 입장에서 생각하자. 왜 그렇게 생각하는지 이해하고 노력해야 한다. 셋째, 친절하고 정중한 단어를 써야 한다. 감정을 비워야 한다. 다른 사람을 공격한다는 느낌이 들지 않는 방식을 내 생각을 잘 전달하자.

가끔 아직도 전화하다 보면 "내가 생각해서 하는 말인데." 라고 조언해주는 사람들이 더러 있다. 지금도 한두 번 정도는 듣지만, 여전히 자신이 제일 잘났다는 투로 이야기한다. 이제는 그런 사람은 내가 멀리하고 있다. 아주 피가 말린다. 그런 사람은 조언해주는 척하면서 또는 자신이 이제 나보다 강하다고 생각하니 우쭐대는 것이다.

이제는 그런 사람 자체를 만나지 않고 있다, 그런 소리를 들으면 그냥 철저하게 무시하고 자신이 지금까지 왔던 그 길을 끝까지 가자. "내가 생각해서 하는 말인데."라는 사람은 제대로 하나라도 성과를 낸 경험이 없다. 어디서 주워들은 풍월로 아는 체한다고 보면 된다. 이제 그런 소리는 귀를 닫자. 지금까지 잘 해왔던 자신을 믿고 끝까지 가자.

인간관계로 힘들어하는 사람이 알아야 할 5가지 법칙

"안녕하세요. 선배님, 저 회사를 나오게 되었는데, 어디 다른 회사에 자리 없을까요?"

"한번 알아볼게. 그런데 시간 좀 걸릴 거야."

"아, 네. 감사합니다."

일주일이 지나도 연락이 없다. 지금 찬물 더운물 가릴 처지가 아니라서 다시 선배에게 연락했다. 전화기를 든 내 손은 덜덜 떨렸다.

"여보세요. 무슨 일이야?"

"아, 선배님. 지난주 혹시 말씀드린 회사 자리는 어떻게 되었는지 궁금해서 연락드렸어요."

"야! 자리 맡겨 놓았냐? 내가 헤드헌터야? 네가 일자리 잃어버린 건 네 문제 아니야?"

"아, 죄송합니다. 제가 알아볼게요."

조용히 그 선배의 연락처를 지웠다. 1년 전 선배가 다른 회사 자리를 알아봐 달라고 나에게 요청했다. 지금 이직한 회사도 내가 아는 사람을 통해 가게 되었다. 당연히 나는 선배가 내가 힘들 때 도와준다고 생각했다. 그것은 나의 착각이었다. 30대 중반에 있었던 일이다. 이 경험이 나에게 믿을 사람 아무도 없다는 사실을 깨닫게 해주었다.

2030 시절은 모두에게 잘 보이려고 했다. 아무리 바빠도 친한 사람이라고 생각되면 내 일을 제쳐두고 도와주었다. 도움을 주는 자체가 즐거웠다. 결과까지 좋으면 금상첨화다. 지금 생각하면 왜 그렇게 내 시간을 빼면서까지 타인에게 맞추었는지 스스로 이해할 수 없다. 다시는 그러지 말자고 다짐하지만, 얼마 지나지 않아 또 같은 실수를 저질렀다. 혼자서 상처받는다.

마흔이 넘어가면서 친한 몇 명의 지인과 친구, 모임 등을 제외하고 하나씩 정리했다. 오래된 친구도 맞지 않으면 스마트폰 연락처에서 삭제했다. 그렇게 조금씩 관계를 정리하니 홀가분해졌다. 내가 좋아하는 사람들만 가끔 만나면서 시간을 보내는 중이다. 오늘은 인간관계로 힘들어하는 사람이 알아야 할 법칙에 대해 알아보자.

첫째, 타인에게 잘 보이려고 하지 말자. 타인의 기분에 맞추거나 결정에 따르지 않아도 된다. 그냥 있는 그대로 내 의견을 솔직하게 이야기하면서 상황에 맞추자. 당당하고 솔직하게 표현할 때 관계는 더 좋아진다.

둘째, 줄 때는 확실히 주고, 받을 때도 잘 받자. 관계에서 가장 중요한 것은 주고받음에 대해 명확해야 한다. 어느 책에서 줄 때 주고, 받는 것은 적당히 해도 된다고 이야기한다. 그 자체가 잘못되었다. 서로 주고받을 때 가장 잘 작동된다.

셋째, 말은 적게 하고 많이 듣자. 타인이 말할 때는 주의 깊게 끝까지 듣자. 그들이 무엇을 요구하는지 타인의 눈빛을 똑바로 보고 반응도 적절히 하자. 단, 상대방이 말이 끝날 때까지 중간에 끊어서는 안 된다. 다 듣고 나서도 필요한 말만 간단하게 하자. 서로 오해살 일이 없다.

넷째, 그 사람의 상황이나 관점을 이해하려고 노력하자. 상대방이 이야기한 것을 그대로 다 수용하라는 이야기가 아니다. 객관적으로 판단하면서 상대방의 관점과 다르더라도 공감하고 그의 감정도 존중하자.

다섯째, 자신만의 경계를 만들자. 상대방의 모든 이야기에 동의할 필요가 없다. 아니라고 말해도 상관없다. 상대방이 당신을 심하게 대하거나 모든 시간과 에너지를 차지하게 만들지 말자. 나부터 사랑하고 존중해야 타인을 이해할 수 있다.

인간관계로 힘들어하는 사람이 많다. 오늘도 상처받았다면 위 5가지 법칙을 기억하자. 자신과 맞지 않으면 서서히 그 사람과 멀어져도 좋다. 좋은 관계를 유지하기 위해서는 결국 나 자신부터 사랑하고 먼저 돌봐야 한다. 나의 가장 친한 친구는 나 자신이다.

중년 이후 갖추면 좋은 인간관계론

2025년 우리 나이로 마흔 여덟 살이 되었다. 이제 2년 후 지천명의 나이가 된다. 빼도 박도 못할 중년의 나이가 되었다. 예전 50살 상사나 선배를 보면 너무 나이 들어 보였는데, 이제 내가 그 선배나 상사가 되었다. 회사에 가도 이제 나이 많은 사람보다 어린 후배가 더 많다. 회사 생활도 언제까지 할 수 있을지 모르지만, 후배들과 좋은 관계를 맺기 위해 노력하고 있다.

마흔 살 전후로 인간관계가 많이 바뀌었다. 새로 시작한 글쓰기 덕분에 작가 동료나 선배를 많이 만날 수 있었다. 기존 친구들도 정말 친한 사람을 제외하고 많이 정리했다. 어린 시절에는 어떻게든 매일 시간 내어 사람과 만났지만, 지금은 그럴 에너지도 시간도 없다. 그 시절의 추억도 많지만, 잃은 점도 많다. 그래도 사람을 많이 만나고 헤어지다 보니 관계에 대해 좀 더 많이 알게 되었다.

마흔 살 전 2030 시절에는 모두에게 잘 보이려 노력했다. 만나는 사람에게 혹시 실수는 하지 않았는지 노심초사했다. 나보다 늘 상대방을 배려했다. 그러다 보니 주도권을 항상 상대방에게 있었다. 나를 좀 무시하거나 가볍게 보는 사람이 많았다. 그렇게 손해 보더라도 혹시 상대방에게 말을 하지 못했다. 나를 버리거나 관계를 더 이상 유지할 수 없을지 혼자 걱정했다. 그러다 실제로 관계가 끊어지면 혼자 상처받고 자책했다.

그렇다 보니 상대방의 눈치를 많이 살폈다. 그 사람의 기분에 따라 내가 대응하는 방식이 달라졌다. 역시 반응도 그렇다 보니 상대방의 말을 잘 듣는 사람이 되어 버렸다. 물론 모두에게 그런 방식은 아니었지만, 유독 나의 2030 시절은 그렇게 관계를 맺었다. 다행히 밖에서 보여지는 내 평판은 나쁘지 않았다. 착하고 말 잘 듣고 배려심 많은 사람으로 각인되었다.

마흔 전후로 책을 읽고 글을 쓰면서 나의 내면도 조금씩 달라졌다.

모든 사람에게 일일이 잘 보이려고 애썼던 시간이 아깝기 시작했다. 그 시간에 조금이라도 나의 내면을 채우기 위해 노력했다. 특히 밖에서 만나는 사람에게 잘하면서 유독 가족이나 오래된 지인, 친구에게 소홀했다는 점이 가장 좋지 않았다. 가족에게 소홀하고, 밖에서 좋은 사람이란 말을 들으면서 다녔다.

대부분 호인이라고 듣는 사람이 이런 관계다. 가족을 못살게 군다. 밖에서는 좋은 선배, 후배, 동료로 돈도 잘 쓴다. 내가 그랬다. 지금도 가끔 이런 모습이 나온다. 그런데, 지나고 나니 자꾸 후회된다. 지금이라도 내 가족부터 잘 챙기기 위해 노력하려 한다. 이제까지 살면서 중년 이후 갖추면 좋은 인간관계론에 대한 내 생각을 한번 정리하여 본다.

첫째, 모든 사람에게 잘 보일 필요 없다. 어느 인간관계 책에서 많이 나오는 이야기다. 가장 중요하다. 중년이 되면 이제 모든 사람을 만날 에너지도 없다. 사람을 많이 좋아했던 나도 요새 인간관계를 더 줄이고 있다. 그렇다 보니 이제 한 달에 2~3번 정도 약속이 줄었다. 이젠 더 줄이면서 가족과 정말 내가 좋아하는 사람 몇 명에게 집중할 생각이다. 중년의 인간관계는 늘이는 것보다 줄이는 것이 더 중요하다.

둘째, 연락도 자주 하지 말고 적당한 거리를 유지하자. 즉, 느슨한 연대를 만드는 것이다. 필요한 순간에 도움 주고, 가끔 만나서 안부를 묻는 정도만 유지하자. 너무 깊게 들어갈수록 그 사람과의 관계만 더 나빠진다. 무엇이든 과하면 깨지게 되어 있다. 내가 참 잘 못하는 부분이다. 사람이 좋아지면 그 사람에게 너무 다 퍼주려한다. 중년 이후 인간관계는 적당한 선을 유지하는 것이 더 중요하다.

셋째, 줄 때는 주되 받을 것에 너무 기대하지 말자. 기브 앤 테이크 즉 주고 받는 관계가 가장 이상적이라고 배웠다. 하지만 중년 이후 인간관계는 많이 주고 잊어버리는 편이 더 낫다. 나는 이만큼 했는데, 왜 너는 나에게 이렇게밖에 못한다는 기대나 생각을 하지 말자. 나이가 들수록 입은 닫고 지갑을 열라는 말과 일맥상통한다.

중년은 혼자서도 잘 놀아야 한다. 친구가 많으면 좋다고 하지만, 자신과 잘 맞는 소수의 사람과 가족만 남아도 성공한 관계다. 관계에 너무 매몰되지 말자.

중년 이후 인간관계는 줄이면 좋은 이유

마흔 후반이 되니 점점 만나는 사람이 줄어든다. 굳이 만나야 할 이유를 잘 모르겠지만, 우선 에너지가 많이 줄어들었다. 아무리 활력 넘친다 해도 확실히 예전보다 일상에서 쓰는 에너지 총량이 2030 시절보다 차이가 난다. 좀만 야근해도 집에 가면 아무것도 하지 못한다. 금요일 밤만 되면 힘이 빠져서 몸이 말을 듣지 않는다. 왜 지금 나이가 비슷했던 그 시절의 아버지가 집에만 오시면 침대에서 주무셨는지 이해가 간다.

사람을 만나는 일도 상당한 에너지를 요한다. 서로 시간과 공간을 내어 만나 교감을 나눈다. 하지만 자신과 맞지 않은 사람에게도 억지로 젊은 시절에는 맞추었지만, 이제는 만나기도 전에 에너지가 떨어진다. 나도 마흔이 넘고 나니 나와 맞지 않는 사람은 보지 않게 되었다. 오래 만난 친구도 새롭게 몇 번 만나서 알게 된 사람도 맞지 않으면 연락하지 않았다.

어떻게 보면 참 냉정하게 보일지도 모르겠다. 나로 인해 상처받은 사람에게 참 미안하다고 말하고 싶다. 거꾸로 사람을 좋아하는 성격이라 한번 믿게 되면 다 주는 스타일이다. 하지 말아야 할 이야기도 솔직하게 털어놓았다. 이런 부분으로 인해 이용도 많이 당했다. 내가 사람 보는 안목이 없었다.

이제는 진짜 내가 좋아하는 지인 몇 명만 만난다. 일로 만난 사람과는 개인적인 친분을 쌓지 않는다. 새로운 사람을 만나도 믿지 않는다. 가끔 결이 맞는 사람을 만나도 지켜 본다. 예전처럼 쉽게 인연을 맺지 않으려고 한다.

이제는 혼자 있는 시간이 많아져도 예전처럼 외롭지 않다. 가족과 시간을 보내거나 책 읽고 글을 쓴다. 정말 친한 사람과 자주 보면서 좋은 시간을 보내고 있다. 중년 이후 인간관계는 늘이는 게 아니라 줄이는 데 목표를 두어야 한다. 인간관계를 줄이면 어떤 점이 좋은지 알아보자.

첫째, 마음이 편안해진다. 너무 많은 인간관계는 불필요한 갈등과 오해를 만들 수 있다. 적당한 거리를 유지하면서 자신 일에 더 집중하는 것이 좋다. 둘째, 소수의 좋은 친구나 지인이면 충분하다. 친구가 많다고 꼭 행복한 것은 아니다. 위에서 언급한 것처럼 자신이 믿을 수 있는 몇 명의 친구와 지인, 가족이 있으면 된다. 그들과 시간을 보내는 것도 부족하다.

셋째, 나만의 시간을 충분히 가질 수 있다. 안 그래도 바쁜 일상이다. 아는 사람 몇 명과 적당한 관계를 유지하며 나를 위해서 쓸 수 있는 시간이 많다. 넷째, 남의 시선을 더 이상 신경 쓰지 않아도 된다. 인간관계가 넓을수록 여기저기 타인의 기대를 맞추려고 애쓰게 된다. 줄일수록 온전한 나로 사는 기회가 많아진다.

다섯째, 꿈과 목표에 집중할 수 있다. 인간관계에 너무 많은 에너지를 쓰게 되면 정작 내가 해야 할 일을 미루게 된다. 쓸데없는 관계를 줄이고 그 시간에 좀 더 나의 꿈과 목표를 위해 노력하는 편이 훨씬 행복하다.

2030 시절 나는 사람을 참 많이 좋아했다. 업무로 인한 스트레스를 매일 사람을 만나 술로 회포를 풀었다. 그게 유일한 방법이었다. 지인, 선배, 친구, 후배를 만나 신세 한탄만 했다. 왜 이렇게 일이 하기 싫은지, 그 공무원이나 발주처는 왜 나한테만 뭐라 하는지, 상사는 왜 내가 한 일에 대해 사사건건 트집인지 등 어떻게든 불평불만만 했다. 내 이야기를 잘 들어주는 그들이 있어 행복하다고 느꼈다.

하지만 정작 내가 해고당하고 어려운 일이 생길 땐 아무도 연락이 되지 않았다. 그때 인간관계의 본질을 알게 되었지만, 추후 몇 년이 지나고 자기계발 분야 사람과의 만남에서도 똑같은 실수를 저질렀다. 사람을 좋아하고 솔직한 관계를 추구하고, 모든 사람에게 잘 보이려 했던 나의 불찰이었다.

이제는 철저하게 나를 위한 시간을 많이 보내면서 만나고 싶은 사람과 더 자주 보려고 노력하고 있다. 가족과도 많은 시간을 보내려고 한다. 이제 살아온 날보다 살아갈 날이 더 적다. 하루하루 시간도 부족한데, 자신과 잘 맞는 사람과 많은 시간을 보내면 좋겠다. 그게 중년 이후 필요한 인간관계다.

나 자신이 이 세상에서 가장 친한 친구다

한 달에 2권 읽기 방식으로 온라인 독서 모임을 진행하고 있다. 2주 기간으로 일요일 새벽 아침 화상 온라인으로 각자 책을 읽은 소감을 나눈다. 부자와 관련된 책으로 같이 이야기를 나누었다. 역시 같은 책을 읽지만, 서로 다양한 생각과 의견을 공유할 수 있는 점이 독서 모임의 장점이다.

오늘 나눈 이야기 중에 가장 공감한 구절이 있다. 바로 "나 자신에게 절친이 되어라."이다. 같이 참여한 회원들이 모두 이 구절을 한 번씩 언급했다. 그만큼 다들 관계에 대해 고민하고 있음을 느끼게 된다.

회원들의 이야기를 들으면서 예전 내 모습을 떠올렸다. 나 자신보다 타인에게 더 신경을 썼다. 모든 사람에게 잘 보이기 위해 전전긍긍하고 잠을 설쳤다. 별것도 아닌데, 그저 타인의 시선만 중요했다. 그렇다 보니 타인의 시간에 맞추어 생활했다. 내 시간은 없었다.

회사에서 상사가 시키는 대로 일했다. 내가 생각하고 고민해서 진행하지 않고, 그 상사 입맛에 어떻게 맞추느냐에 더 초점을 맞추었다. 일하면서 상사의 눈치만 보게 되었다. 일을 다 해놓고, 또 뭐라고 하거나 혼날까 봐 걱정했다. 매일 그 스트레스에 더 업무에 집중하지 못했다. 나 자신을 못살게 굴었다.

타인의 시선에만 신경을 쓰면서 일하니 당연히 실력도 늘지 않았다. 대충 욕만 먹지 말자고 넘겼다. 내 일에 대해 자신감이 떨어지니 불안했다. 불안과 걱정으로 타인에게 또 도움을 청하거나 의지했다. 내 30대 시절은 되돌아보면 이런 생활의 연속이었다. 악순환이다.

업무에 대한 스트레스를 풀기 위해 매일 아는 사람을 만났다. 회사 동료, 학교 선후배, 친구, 지인 등 수많은 사람이 내 곁에 있었다. 사람을 좋아하는 성격이다 보니 매일 밤 그들과 시간을 보냈다. 만나면 내 신세 한탄만 했다. 불평불만도 한두 번이면 괜찮은데, 매번 만날 때마다 반복되니 자연스럽게 사람들이 연락을 피했다.

이도 저도 남는 게 없었다. 나는 친하다고 생각해서 그들에게 내 고민을 나눈 것뿐이라고 여겼지만, 받아들이는 그들은 사실 내 고민에 관심이 없었다. 인간은 원래 이기적이라 자신의 문제에만 관심을 가진다. 타인이 회사에서 일로 힘든지 아닌지 알 바 아니다. 그냥 들어주면서 위로만 해줄 뿐 한 귀로 흘러버린다.

2023년 연말부터 작년 상반기까지 다시 한 번 내 인생에 큰 파도가 있었다. 희망퇴직으로 인한 실직, 다시 새로운 환경에 적응해야 하는 부담감, 사기로 큰 금전 피해까지 정신을 차릴 수 없었다. 도움이 필요해서 다시 아는 지인, 친구 등을 찾았지만, 정작 실질적인 도움을 주는 사람은 단 한 명도 없었다.

그때부터 철저하게 관계와 인생의 진리를 깨달았다. 내가 처한 문제를 해결할 수 있는 사람은 오직 나 자신뿐이라는 사실을. 타인에게 도움을 구하는 것도 자신이 잘 나가거나 이득이 있을 때만 가능하단 사실을. 내 실력을 키우고 나만 잘하면 된다는 사실을.

작년 여름 이후 철저하게 내 문제는 스스로 해결하려고 노력하고 있다. 고민이 좀 생기면 지인, 친구에게 물어볼 뿐이지 도와달라는 요청도 하지 않는다. 인생에 일어나는 모든 문제는 내가 끌어안고 가려고 한다. 물론 혼자 외롭고 힘들지만, 그마저 감수해야 한다. 그렇게 하기 위해서는 나 자신이 이 세상에서 가장 친한 친구가 되어야 한다. 나부터 챙기고 사랑해야 그런 힘을 키울 수 있으니까.

주변을 봐도 역경을 극복하고 다시 일어선 사람을 보면 모두 스스로 일어났다. 이 글을 읽는 당신도 이제는 앞으로 타인에게 내 인생의 문제를 맡기지 말자. 지금 인생에 문제가 생겼다면 스스로 자신과 대화하면서 하나씩 풀어나가면 된다. 나의 가장 친한 친구는 바로 나 자신으로 갈아타자.

혼자가 익숙해질 나이, 관계를 다시 돌아보다

지난 토요일 오랜만에 지인 작가 사인회에 참석했다. 사인회가 끝나면 뒤풀이를 통해 친목을 다진다. 자주 만나지 못해도 내가 좋아하는 작가님들을 만날 때마다 마음이 편하다.

사인회에 가기 전까지 핸드폰이 울리지 않는다. 가족이나 소수 지인과의 카카오톡 메시지 정도만 확인한다. 주말에는 핸드폰 자체가 시계 용도로 쓰고 있다. 마흔 전까지만 해도 이렇게 연락이 오지 않으면 불안했다. 누군가를 만나고 싶은데, 이렇게 인간관계가 좋지 않았나 싶을 정도로 집착했다.

어느 순간, 혼자가 익숙해졌다. 북적이던 모임도, 끊임없이 울리던 전화도 점점 줄어들었다. 처음엔 그 고요함이 어색하고 두려웠다. 하지만 시간이 지날수록 깨달았다. 혼자 있는 시간이 꼭 외로운 건 아니었다. 정말 외로움을 많이 타는 성격이었는데, 나이가 들면서 혼자서도 시간을 잘 보내게 되었다. 책도 읽고 글도 쓰면서 나와의 대화를 늘려가고 있다.

혼자가 되면 자연스럽게 떠오르는 사람들이 있다. 오랜 시간 함께 했던 친구, 멀어진 인연, 그리고 여전히 내 곁에 있는 소중한 사람들. 바쁜 일상에 치여 깊이 생각하지 못했던 관계들이 떠오른다. 왜 그때 더 자주 연락하지 못했을까. 왜 그때는 사소한 자존심 때문에 먼저 손을 내밀지 못했을까. 아쉬움이 밀려오지만, 그마저도 지나간 시간 일부다.

중년이 되면서 관계의 의미가 달라졌다. 2030 시절에는 사람들과 어울리는 것이 당연했다. 친구가 많으면 마음이 든든했고, 늘 새로운 인연을 찾았다. 하지만 이제는 다르다. 사람을 만나면 힘이 나기보다는 에너지가 소진될 때도 많다. 그래서 더 신중해진다. 누구와 시간을 보낼지, 어떤 관계를 이어갈지를.

혼자가 익숙해진다는 건, 더 이상 억지로 관계를 유지하지 않아도 된다는 뜻일지도 모른다. 누군가에게 맞추려고 애쓰지 않아도, 내 마음이 편한 사람들과만 시간을 보내면 된다. 그게 중년의 인간관계다. 많지 않아도 괜찮다. 깊이 있는 소수의 지인이나 친구면 그만이다.

하지만 가끔은 그리움이 밀려온다. 예전처럼 아무 이유 없이 전화를 걸어 수다를 떨던 시절이 그립다. 바보 같은 이야기로 웃고, 고민을 털어놓으며 위로받던 순간들. 이제는 쉽게 꺼낼 수 없는 기억들이지만, 여전히 마음 한구석에 짙은 그리움으로 남아 있다.

혼자가 익숙해지면 비로소 보인다. 지금 내 곁에 있는 사람들의 소중함. 괜시리 힘든 날 말없이 내 이야기를 들어주는 친구. 오랜만에 연락해도 어제 본 것처럼 편안한 사람. 그런 인연이 있다는 것만으로도 감사하다.

언젠가 누군가 물었다. "혼자가 외롭지 않아?" 나는 웃으며 대답했다. "가끔은 외롭지. 하지만 혼자 있기에 더 소중한 사람들을 생각할 수 있어." 혼자가 익숙해질 때, 비로소 관계가 보이고, 그 관계의 소중함을 깨닫게 된다.

혼자서 커피를 마시고 책을 읽고 글을 쓰는 이 시간이 소중하다. 물론 가족이 있어서 더 행복하다. 혼자가 익숙해졌다면 나이가 들었다는 증거다. 중년의 나이가 되면 쓸쓸함과 고독이라는 친구가 새로 생긴다.

이제는 혼자가 주는 고요함을 즐기며, 내가 좋아하는 소수 사람에게 마음을 전해보려 한다. 먼저 안부를 묻고, 따뜻한 한마디를 건네며. 혼자가 익숙해진 지금, 오히려 더 깊은 관계를 유지하고 싶다.

중년의 삶, 단순한 게 좋다

2주에 한 번씩 일요일 새벽 "방구석 책 읽기" 독서 모임을 2년 6개월째 운영하고 있다. 온라인 독서 모임으로 카카오톡 단톡방과 줌 화상으로 진행하고 있다. 같이 참여하는 한 회원은 요새 단순한 삶을 살고 있다고 밝혔다. 책을 읽고 싶을 때 읽고, 먹고 싶을 때 먹는다고 웃는다. 불필요한 인간관계는 정리하고 있다는 말씀에 나도 고개를 끄덕이게 되었다.

그는 나와 같은 중년이다. 이제 지천명 나이를 앞둔 마흔 후반의 나이다. 나도 불과 재작년 초까지만 해도 매주 사람들과 1~2회 정도 만나 저녁 시간을 보냈다. 서서히 사람과의 관계를 줄인다 해도 만날 사람은 만나야 해서 먼저 연락하여 만난 적도 많다. 하지만 작년 초부터 개인적으로 좋지 않은 사건을 겪으면서 머리가 복잡했다. 내 삶 자체에 왜 이런 많은 문제가 많았는지 그때 알게 되었다.

실직, 사기 등을 한꺼번에 맞다 보니 머리가 너무 아팠다. 비우고 싶은데도 신경 써야 할 것이 많았다. 종이를 꺼내 놓고 하나씩 적기 시작했다. 생각보다 많았지만, 정작 신경 써야 할 가족의 일은 뒷전이었다. 아내가 불만이 가질 만한 상황이다. 내 삶이 복잡할수록 스트레스가 많아진다. 뭔가 정리가 필요했다. 더하는 게 아니라 **빼야** 하는 시점이 온 것이다.

내 삶을 단순하게 바꾸기로 결심했다. 버릴 것은 버리고, 내 삶에 중요한 몇 개만 남기기로. 무엇을 남겨야 할지 버려야 할지 며칠 동안 생각하고, 다이어리에 적고 지우길 반복했다. 버려야 할 것과 남겨야 할 것이 명확하게 구분되었다.

버릴 것은 나쁜 습관이다. 금주 하기로 했다. 내가 자꾸 부정적인 사고를 하고 충동적으로 행동하게 한 원인이 바로 술이다. 술부터 당분간 먹지 않기로 다시 결심하고 안 마신 지 100일이 넘었다. 그것을 포함하여 "절제"가 올해 내 삶의 키워드가 되었다.

남기고 계속 반복해야 할 것은 좋은 루틴이다. 운동, 독서, 글쓰기가 그것이다. 회사에 가서 본업에 집중하고, 가족과의 시간을 많이 보내기 위해 노력하는 것도 포함된다. 이젠 말이 아닌 행동으로 계속 유지하기가 내 숙제다.

이렇게 정하고 하루 일상을 지내다 보니 신경 쓸 고민이 많이 없어졌다. 단순하게 살기로 한 것이다. 더 중요한 것은 내가 할 수 있는 일에만 집중하는 일이다. 내가 할 수 없는 일은 하늘에 맡긴다. 아무리 걱정한다 해도 내가 할 수 없는 부분이라 어떻게 할 수가 없다. 설 연휴가 지나고 삶 자체를 단순화시켰더니 삶의 밀도가 많이 올라갔다. 나쁜 일이 생겨도 금방 잊으려고 노력한다. 의도적으로 웃는 연습도 하고 있다.

중년이 되면 에너지나 체력도 예전 같지 않다. 꼭 필요한 일에 써야 탈이 없다. 반대로 노련미가 생겼다. 치고 빠지는 타이밍을 알게 되었다. 삶을 단순하게 만들어야 중년의 하루가 꽉 찬다. 낭비되는 시간이 없다. 삶을 단순하게 만드는 방법을 한번 알아보자.

첫째, 하루 목표를 3가지만 정하자. 업무도 꼭 해야할 일 3가지, 개인적으로 꼭 해야할 일 3가지, 가족과 관련된 일 3가지를 적어본다. 이 중에서 '오늘 가장 중요한 3가지'는 하나씩 골라서 쓴다. 무슨 일이 있어도 이 세 가지는 오늘 꼭 하고, 나머지는 신경을 끄면 된다. 3가지를 쓰는 시간은 아침이 좋다.

둘째, 스마트폰, 뉴스, SNS 사용 빈도를 줄인다. 정보가 너무 많으면 머리가 복잡하다. 불필요한 정보는 불필요한 걱정으로 이어진다. 스마트폰도 하루에 꼭 필요한 정보와 메시지만 확인한다. 뉴스나 톡방도 아침과 점심, 저녁에 잠깐 3분 정도 확인하면 된다. SNS 사용은 자신에게 이익이 되는 방향으로 사용하자. 남의 사진이나 글 보고 비교하지 말자.

셋째, 인간관계를 줄인다. 불필요한 관계는 에너지 낭비다. 진짜 자신이 소중하게 생각하는 사람들에게 집중하는 것이 좋다. 억지로 먼저 연락하는 관계는 바로 정리하자. 회사에서도 필요한 관계만 유지한다. 가족과 소중한 지인, 친구 몇 명과 더 시간을 보내도록 하자.

위 세 가지만 사용해도 삶은 단순해진다. 중년의 삶은 채우는 게 아니라 하나씩 비워야 근사해진다.

4장

적으면 괜찮아, 깊으면 충분해

많은 인연보다 깊은 인연이 그리운 나이

"자, 우리의 우정은 영원하다. 변치 말고 오래 만나자! 건배!"

술잔 부딪히며 건배하는 친구들 목소리가 우렁차다. 나의 20대 시절은 매일 밤 사람들과 술집에서 시간을 보냈다. 고등학교 친구, 초등학교 동창, 대학교 동기나 선후배들, 모임 등 수많은 사람을 만났다. 많은 사람을 사귀고 알고 있다는 사실이 나에게는 자부심이었다. 내가 죽을 때까지 그들과 함께 잘 지내길 원했다. 그게 인생을 잘 살고 성공하는 길이라고 여겼다.

하지만 나이를 먹어가며 변하지 않을 것이라 믿었던 것들이 흔들렸다. 언젠가 당연하게 여겼던 것들이 내 곁을 떠나가는 경험을 하게 된다. 사람을 만나는 일도 그렇다. 젊은 날엔 수많은 인연이 스쳐 갔고, 그 모든 만남이 소중하다고 생각했다. 누군가와의 약속이 비어 있으면 허전했고, 휴대전화 연락처가 빼곡해야 안심이 되었다.

마흔 후반이 된 지금은 다르다. 어느새 나는 많은 인연보다 깊은 인연이 그리운 나이가 되었다. 수많은 만남과 헤어짐으로 남기고 간 허망함, 쉽게 스쳐 가는 인연이 남긴 공허함을 반복해서 겪다 보니 이제는 내 마음이 닿는 누군가와 오랜 시간을 함께하고 싶다는 생각이 든다. 많은 사람과 웃고 떠드는 것보다 마음이 통하는 단 몇 사람과 깊이 있는 대화를 나누는 시간이 더 값지게 느껴진다.

가끔 추억 속 얼굴들이 떠오른다. 수없이 함께 웃었던 사람들, 쉽게 약속을 잡고 밤새 이야기하던 친구들. 그때는 함께한 시간이 영원할 줄 알았다. 하지만 시간이 흐르고, 각자의 삶이 바빠지면서 연락이 뜸해지고, 그렇게 자연스럽게 멀어졌다. 애써 붙잡지 않았던 건, 붙잡을 힘이 없어서였을까, 아니면 흐르는 시간을 받아들이기로 해서였을까. 아마 둘 다 아니었을까?

지금 내 곁에는 손에 꼽을 만큼의 사람만 남았다. 그들은 자주 만나지 않아도 서로의 안부를 가끔 궁금해한다. 오랜만에 마주해도 어제 본 것처럼 편안하다. 그들과 함께 있을 때면 세상의 무게가 조금은 가벼워지고, 숨이 트이는 느낌이 든다.

많은 인연을 맺었던 날들은 그 나름대로 의미 있었다. 그러나 이제는 마음 깊이 다가올 단 몇 사람, 나를 이해해주고 내가 아껴줄 수 있는 누군가만 있으면 된다. 혼자서도 괜찮다며 애써 내 마음을 다잡던 날들이 있었지만, 사실은 누구보다도 깊은 인연을 원하고 있었다.

깊은 인연이란 서로의 결점을 받아들이고, 함께 성장하며, 때로는 아무 말 없이 곁을 지켜주는 것이다. 화려한 말보다는 진심 어린 한마디가 더 소중한 그런 관계. 그저 함께 있는 것만으로도 마음이 따뜻해지는 그런 사람.

많은 인연 속에서 진짜를 찾기 위해 수없이 넘어지고 상처받아야 했지만, 그 과정이 있었기에 지금의 나이에서 깊은 인연의 소중함을 알게 되었는지도 모른다. 이제는 더 이상 많은 사람 속에서 지치고 싶지 않다. 내 마음을 알아줄 몇 사람, 그 소수의 사람만으로 충분하다.

이제 70대 후반이 된 장인어른도 얼마 전 같은 이야기를 했다. 나이가 들면 인간관계는 자의든 타의든 줄어드는 게 당연하다고. 어차피 죽으면 그 인연 다 쌓지도 못하는데, 남아있는 소수의 지인이나 가족에게 더 깊은 인연을 유지하라고. 많은 생각이 들었지만, 이미 나는 많은 인연을 정리했다. 이제는 많은 인연보다 깊은 인연이 그리운 이 나이, 나는 이제야 진짜 인연을 고르고 있는지 모르겠다.

소중한 사람은 멀리 있지 않다

결혼하고 나서도 회사 야근과 출장, 술자리 등이 많아서 가족에게 참 소홀했다. 접대도 많았지만, 스트레스를 풀기 위한 지인, 친구와의 술자리를 자주 즐겼다. 집에 늦게 들어가는 일이 다반사였다. 아이를 키우고 집안의 대소사는 모두 아내의 몫이었다, 그렇다고 다정하게 위로하거나 따뜻한 말 한마디 해주지 못했다. 그저 나는 밖에서 편한 사람에게만 친절한 사람이었다.

세상에는 멀리 있는 사람보다 가까이 있는 사람이 더 소중하다는 것을 나는 종종 잊고 살았다. 오래되지 않은 기간에 잘 지내다가 갑자기 멀리 떠나간 이들을 그리워한다. 그리움에 마음을 쏟다 보면 정작 곁에 있는 사람의 소중함을 놓치기 쉽다. 하지만 진정한 의미에서 소중한 사람이란 항상 내 곁에 있었다.

우리의 일상은 가까이 있는 사람들로 인해 풍요로워진다. 아침에 눈을 뜨자마자 마주치는 가족의 얼굴, 출근길에 만나는 이웃의 반가운 인사, 업무 중간중간 지친 마음을 달래주는 동료의 따뜻한 커피 한 잔. 이 모든 순간이 소소하지만, 우리 삶에 깊은 의미를 더해주는 것들이다.

때로는 지나치게 바쁜 일상에서 이러한 작은 순간들을 간과하기 쉽다. 우리는 성과를 위해 노력하며 멀리 있는 목표에 집중하다 보면, 정작 중요한 것들을 놓치는 실수를 저지르곤 한다. 하지만 진정으로 중요한 사람 등은 바로 우리 곁에 존재함을 잊지 말아야 한다.

가까이 있는 사람들에게 사랑과 감사를 표현할 기회는 끊임없이 주어진다. 감사의 말 한마디, 격려의 손길 하나가 그들의 하루를 밝게 할 수 있으며, 동시에 우리의 삶도 더욱 풍성하게 만든다. 그렇게 우리는 서로의 존재로 인해 더 큰 행복을 누릴 수 있다.

소중한 사람은 멀리 있지 않다. 그들은 바로 지금 이 순간, 우리 곁에서 함께 숨 쉬고, 우리와 함께 웃고 있다. 멀리 있는 사람들을 그리워하는 마음도 소중하지만, 우리가 매일 마주하는 사람들에게도 그 이상의 가치를 두어야 한다. 그들이야말로 진정으로 우리 삶을 특별하게 만드는 사람들이기 때문이다.

이제부터라도 가까이 있는 사람들에게 더 많은 관심을 기울이고, 그들과의 관계를 소중히 여기며 살아가자. 그들과 함께할 수 있는 시간은 생각보다 훨씬 더 짧을 수 있으며, 그 시간들을 잘 활용하는 것이 진정한 삶의 지혜이다.

이 소중한 시간을 헛되이 보내지 않기 위해, 우리는 오늘도 사랑하는 사람들에게 마음을 열고 그들과의 시간을 충실히 채워가야 한다. 그렇게 할 때, 우리는 비로소 진정한 삶의 의미와 행복을 깨달을 수 있다.

나이가 들면서 결국 남는 것은 가까운 사람밖에 없다. 그 의미를 너무 늦게 깨달았다. 아마도 미우나 고우나 내 곁에 있는 가족, 내 모습이 초라해도 있는 그대로 내 모습을 바라보는 친구, 어떤 일이 있어도 지지하고 응원하는 지인 등이 바로 그들이다. 이젠 그들을 위해 좀 더 시간을 내어 함께 하자. 이 세상에 남은 시간이 이제 많지 않다. 하루

하루 소중한 사람과 행복하게 지내야 한다. 다시 한 번 강조하지만 소중한 사람은 멀리 있지 않다.

나를 이해하는 단 한 사람을 위해

살아가면서 우리는 수많은 사람을 만난다. 학교에서, 직장에서, 일상의 작은 순간들 속에서.

하지만 그중에서 나를 온전히 이해하는 사람은 과연 몇 명이나 될까. 만나는 사람마다 나를 온전히 이해한다고 생각했지만, 나의 오판이었다. 나는 만나는 사람마다 그 상대방을 온전히 이해하려고 노력했다. 내가 사람 보는 안목이 없다 보니 상대방에게 내가 만만하게 보였을지 모르겠다.

마흔 이전까지 먼저 상대방을 배려하다 보니 많이 휘둘렸다. 한번 사람을 좋아하게 되면 끝까지 믿었다. 나를 이용하거나 뒤통수를 쳐도 끝까지 몰랐다. 어느 순간 연락이 되지 않으면 그 이유를 알지 못했다. 그냥 내가 또 그 사람에게 실수나 잘못해서 관계가 끊어졌다고 혼자 결론을 지었다. 그렇게라도 해야 마음이 편했으니까. 그리고 또 같은 실수를 반복했다.

1990년 여름방학이 지나고 아버지 뜻에 따라 서울에 있는 초등학교로 전학을 가게 되었다. 그때부터 외향적인 성격이 내향적으로 바뀌게 되었다. 처음으로 전혀 모르는 새로운 환경을 만났다. 새로 만나는 친구들과 잘 지내고 싶었지만, 그들은 반겨 주지 않았다. 오히려 나를 왕따 비슷하게 밀어냈다. 안 그래도 여린 마음에 상처가 컸다. 세상에 혼자 떨어진 느낌이었다. 많이 외로웠다. 나를 이해하는 사람이 한 명만 있어도 좋겠다고 생각했다.

사춘기를 지나 성인이 될 때까지 혼자 있는 외로움이 너무 싫어 항상 친구와 지인을 만났다. 매일 누군가와 같이 놀고 어울려야 그제야 마음이 편했다. 그 안에서도 나를 이해하는 한두 사람이 있다 보니 많이 의지했다. 하지만 대학 졸업 후 사회생활을 하면서 그들과도 멀어지게 되었다.

사회생활 하며 만난 사람들과는 겉으로는 친해 보이지만, 속마음을 쉽게 털어놓을 수 없는 관계가 많다. 가끔은 내 이야기를 해도 상대가 진심으로 공감해 주지 않는 것 같아 마음 한편이 허전해질 때도 있다. 괜히 자신의 개인적인 이야기를 털어놓지 말라고 하는 조언까지 있을까?

그래서일까? 가끔은 나를 진짜로 이해하는 단 한 사람이 있다는 것이 얼마나 큰 위로인지 나이가 들수록 더욱 절실히 깨닫게 된다. 중년 이후 인간관계는 그런 사람 한 명만 있어도 성공한 것이다.

말하지 않아도 내가 지금 어떤 감정인지 아는 사람이 진짜다. 현재 내가 아끼고 소중한 사람은 그냥 언제든지 내가 연락해도 부담 없는 사람이다. 내가 기운이 없어 보일 때, 아무 말도 하지 않아도 먼저 따뜻한 차 한 잔을 내밀어 주는 사람. 괜찮다고 웃어 보이지만, 그 미묘한 표정 속에 담긴 슬픔을 알아채는 사람.

어쩌면 우리는 모두 이런 단 한 사람을 기다리고 있었는지도 모른다. 세상을 살아가다 보면, 때로는 오해받고, 때로는 외로움을 느끼게 된다. 그럴 때 곁에서 "괜찮아, 나는 네 마음을 알아."라고 말해주는 사람이 있다면 말이다. 그런 사람은 바로 당신 곁에 있는 배우자나 연인일 수 있다, 또는 가장 편안한 동료나 친구, 선 후배, 부모 등 이 중에 분명히 누군가는 한 명은 꼭 있다. 그것만으로도 다시 힘을 낼 수 있다. 세상의 기준이 아닌, 나의 모습을 그대로 바라봐 주는 사람이 정말 좋다.

　많은 사람은 나를 '이런 사람'이라고 정의 내리려 한다. 직업으로, 성격으로, 또는 과거의 실수로 나를 판단하는 경우도 있다. 하지만 나를 이해하는 단 한 사람은 그런 겉모습이 아니라, 내가 어떤 사람인지, 어떤 고민을 하는지, 무엇을 꿈꾸는지를 진심으로 바라봐 준다.
　그 사람 앞에서는 더 이상 나를 꾸미거나, 애써 보이려 하지 않아도 된다.

　실수해도 감정을 솔직히 드러내도, 있는 그대로의 나를 받아주는 사람이니까. 그런 사람이 있다는 것은 행운이고, 그런 사람을 붙잡는 것은 우리의 몫이다. 가끔은 이런 생각이 든다.
　나도 누군가에게 그런 단 한 사람이 될 수 있을까. 나를 이해하는 사람이 소중한 만큼,
　누군가에게 "나는 네 마음을 알아."라고 말해줄 수 있는 사람이 되는 것. 그것이 관계를 더 깊고 단단하게 만드는 길이 아닐까. 때로는 조언보다, 위로보다, 그저 옆에 있어 주는 것이 더 큰 힘이 될 수도 있다. 이 세상에 나를 온전히 이해하는 단 한 사람을 위해서 나는 오늘도 내 진심을 전한다.

중년의 우정, 침묵 속에서도 이어지는 마음

2025년 2월 어느 날 업무 차 강원도 영월로 출장을 마치고 서울에 막 도착했다. 스마트폰을 보니 부재중 전화가 있다. 35년이 넘은 초등학교 죽마고우다. 다시 전화했다. 오랜만에 듣는 친구의 목소리가 반갑다. 안부를 묻다가 어디냐고 물었더니 지금 내가 있는 지하철역 근처에 있다고 했다. 만나자고 한 마디 던졌더니 흔쾌히 알았다고 대답한다. 15분 후 식당에 들어가 저녁을 같이 먹었다. 평소에 연락도 잘 하지 못하지만, 언제 만나도 반갑다. 침묵 속에서도 오래 이어지는 마음이 든다.

시간이 흘러가면서 우리는 종종 우정의 변화를 경험한다. 젊은 시절의 친구와의 끊임없는 대화와 웃음은 점차 조용한 이해와 무언의 지지로 바뀐다. 중년이 되어 돌아보면, 가장 소중한 것은 말없이도 서로의 마음을 이어주는 친구들이다.

중년의 우정은 더 이상 매일의 만남이나 끊임없는 대화가 많이 필요없다. 우리는 각자의 삶 속에서 바쁘게 살아가지만, 어려움이 닥쳤을 때 한결같이 곁을 지켜주는 친구들이 있다. 이런 우정은 세월의 테스트를 견디며 더욱 깊고 의미 있는 관계로 발전한다.

나에게는 오랜 시간 소식 없이 지내다가도, 마치 어제 만난 것처럼 편안하게 대화를 나눌 수 있는 친구가 몇 명 있다. 우리는 서로의 생일이나 중요한 날에만 연락할지라도, 그 짧은 순간들이 모여 깊은 연결고리를 만든다. 가끔 약속하지 않고, 당일 오늘 저녁에 시간되냐고 물어봐도 언제든지 마음 편하게 만난다.

한번은 크게 아플 때, 오랜 친구가 병문안을 왔었다. 말은 많지 않았지만, 그의 존재만으로도 큰 위로가 되었다. 그는 내 손을 잡고, "괜찮아, 나 여기 있어." 하고 말했다. 그의 눈빛과 손길에서 진심이 느껴졌고, 그 순간 모든 고통이 조금은 가벼워진 것 같았다.

우정은 때로는 침묵 속에서 더욱 깊이를 갖는다. 말하지 않아도 서로의 마음을 읽을 수 있으며, 그 마음이 서로를 향한 믿음과 애정으로 이어진다. 중년의 우정은 이런 침묵 속에서 더욱 단단하고 깊어지며, 서로의 삶을 더욱 풍요롭게 만들어준다.

이렇게 우리는 중년의 단계에서 서로를 더욱 소중히 여기며, 인생의 후반기를 함께 걸어가는 동반자가 된다. 진정한 친구는 시간이 흘러도 변하지 않는 가치를 지닌 채, 서로의 삶에 깊이 뿌리내린 존재로 남는다.

그러니 지금, 친구에게 소식을 전해보자. 말하지 않아도 그 마음은 통할 것이다. 중년의 우정은 침묵 속에서도 끊임없이 이어지는 마음의 줄기처럼, 시간을 초월한 소중한 선물이기 때문이다.

중년의 우정은 서로 말하지 않아도 오랫동안 이어온 그 조용한 마음으로 충분하다. 아무리 오래 만나도 그런 마음이 느껴지지 않는다면 그 사람과의 관계는 다시 생각하자. 다시 말하지만 중년의 인간관계는 늘이는 것이 아니라 서서히 줄여나가는 게 중요하다.

괜찮아 한마디가 큰 위로가 되는 시절

대학 졸업 후 전공을 살려 작은 토목 설계회사에서 사회생활을 시작했다. 적성에 맞아서 하는 일은 아니었다. 야근과 철야 근무, 발주처와 지자체의 갑질, 일한 양에 비해 적은 보수, 그 보수마저 밀려서 생활할 수 없는 현실에 스트레스가 많았다. 그래도 살아야 했기에 나름대로 그 안에서 열심히 최선을 다했다. 그래서 사수에게 인정도 받고 몇 차례 회사를 옮겨 다니면서 경력을 이어 나갔다.

2011년 다니던 네 번째 회사에서 회사 사정으로 많은 사람이 나갔다. 나는 그 전부터 많이 직장 옮겨 다녀서 이 회사에서 더 있어 보기로 결심했다. 우연한 기회에 빨리 팀장으로 승진했다. 당시 사장님 바로 아래 위치라 프로젝트 계약 등은 내 손을 거쳐 나가야 했다. 내 손에 많은 외주업체 계약 건이 달려 있었다.

권한이 있다 보니 많은 사람이 내 곁에 몰려들었다. 나는 그 사람들에게 최선을 다했다. 도움이 필요하면 언제든지 달려가서 같이 해결하려고 노력했다. 문제가 해결되고 일이 잘 풀려서 상대방에게 고맙다는 연락받으면 하늘이 날아갈 듯 했다. 그러다가 경제 상황이 좋지 않아지던 2012년도 초반 다니던 네 번째 회사에서 해고당하면서 인생의 큰 풍파를 만났다.

바빠도 타인이 도와달라고 하면 다 도와주었는데, 정작 내가 힘들 때 연락하자 외면했다. 친한 사람들조차 연락해도 한 두 번 위로만 하다가 더 이상 찾아오지 않았다. 내 속은 까맣게 타들어 갔다. 혼자 밤에 방에 불을 끄고 누워서 한숨 쉬고 있는데, 스마트폰 화면에 죽마고우 이름이 보인다. 거의 죽어가는 목소리로 전화 받았다. "괜찮냐? 소식 들었다."

그 한마디에 내 눈은 시뻘겋게 물들었다. 눈물이 왈칵 쏟아졌다. 위로받고 싶었나 보다. 한참 이야기를 잇지 못했다. 친구는 다음에 다시 이야기하자고 하면서 힘내라고 했다. 처음이자 마지막으로 받았던 친구의 "괜찮아!" 한 마디를 지금도 잊을 수 없다. 우리는 누구나 각자의 삶에서 쉽지 않은 순간들을 마주하곤 한다. 어두운 터널 속을 홀로 걷는 듯한 시기에 조그마한 빛 하나가 큰 위안이 되듯, 때론 작은 말 한마디가 전부가 되기도 한다. 이 시절, 그 말은 바로 '괜찮아'이다.

가끔은 아무리 노력해도 상황이 나아지지 않을 때가 있다. 바로 그럴 때, 옆에서 따뜻한 목소리로 '괜찮아'라고 말해주는 이가 있다면, 그것만으로도 큰 힘이 된다. 이 간단한 말은 우리가 잠시 멈춰 서서 숨을 고를 수 있게 해준다. 우리의 실패와 아픔이 전부가 아니라는 것을 상기시켜주며, 다시 일어설 수 있는 용기를 북돋아 준다.

이 말은 특히 지친 하루를 보낸 누군가에게 더욱 뜻깊다. 모든 것이 잘못되어 가고 있다고 느껴질 때, '괜찮아'라는 말은 그 사람의 부담을 조금이나마 덜어주고, 감정의 무게를 가볍게 만든다. 그 한마디가 그 사람의 세상을 조금 더 살만한 곳으로 바꾸어 놓는다.

하지만 '괜찮아'라는 말은 때로는 스스로에게 하는 말이기도 하다. 거울을 보며, 실패를 경험한 뒤, 자신을 다독이며 하는 말. 이 말을 통해 우리는 자기 자신을 용서하고, 다시 시작할 수 있는 힘을 얻는다.

자기 자신에게 '괜찮아, 다 잘 될 거야'라고 말할 수 있는 용기가 바로 진정한 성장으로 이끄는 첫걸음이다.

이 세상에는 수많은 위로의 말들이 있지만, 때로는 '괜찮아'라는 말이 가장 강력한 치유제가 된다. 이 말 한마디에는 '네가 겪고 있는 이 모든 어려움이 곧 지나갈 거야'라는 믿음과 '네가 혼자가 아니야'라는 연대의 메시지가 담겨 있다.

그래서 나는 오늘도 누군가에게, 또는 나 자신에게 '괜찮아'라고 말한다. 어쩌면 이 말이 내 삶의 가장 어두운 순간들을 밝혀주는 작은 등대가 되어 줄지도 모른다. 이 시절, 우리 모두에게 필요한 것은 바로 이런 위로일지도 모른다. 그저 괜찮다고 말해주는 것만으로도 충분하다. 이 단어가 우리 모두에게 힘이 되길 바라며, 누군가의 어깨에 손을 얹고 따뜻하게 말한다. "괜찮아, 정말 괜찮아."

누군가의 편안한 사람이 되고 싶다

인생이란 결코 쉬운 여행이 아니다. 직장이나 모임에서 웃는 얼굴 뒤에 감춰진 눈물과 혼자만 품고 있는 고민의 무게가 가끔 나를 아프게 한다. 세상에 나를 증명하기 위해 고군분투하며 살아가고 있다. 매 순간 최선을 다했지만, 돌아보니 내 마음 한구석은 늘 쓸쓸하고 공허하다.

2025년 3월 어느 주말 글쓰기 스승 덕분에 처음으로 교보문고 저자 사인회를 하게 되었다. 동료 작가들, 내 수강생 작가들, 부모님을 포함한 가족들 등 많은 사람이 함께 자리를 빛내주었다. 시끌벅적한 사인회와 뒷풀이 행사가 끝나고 집에 돌아오는 길은 혼자였다. 그래도 모두는 아니지만, 나를 생각하고 아껴주는 몇몇 소수의 편안한 사람이 있기에 행복했다.

언젠가부터 나를 가장 위로했던 것은 화려한 성공담이나, 잘 짜인 위로의 말이 아니었다. 그저 조용히 내 곁을 지켜주고, 있는 그대로의 나를 인정해주는 사람의 작은 미소였다. 바쁘고 치열한 세상에서 단 하나 간절히 바라는 게 있다면, 나 역시 그런 '편안한 사람'이 되는 것이다.

13년 전 세상이 다 내게 등을 돌린 것 같은 어느 날, 우연히 친구에게 전화가 왔다. 그는 아무 말 없이 나의 이야기를 들어주었고, 한참 후에 조용히 말했다. "괜찮아. 다 지나간다."

그 순간 마음 깊은 곳에서 무언가가 풀려나가며 오래 묵은 눈물이 쏟아졌다. 친구는 그저 묵묵히 기다려 주었다. 그는 아무것도 요구하지 않았다. 무리한 위로도, 과도한 관심도 없었다. 그저 있는 그대로의 나를 바라봤을 뿐이다.

사람에게 가장 큰 위로는 결국 '있는 그대로의 나'를 인정하는 순간이 아닐까. 상대를 변화시키려고 하지 않고, 조급한 마음으로 이끌지 않는다. 무조건 긍정적으로 채색하지도 않는다. 담담하게 그대로 비추는 사람이야말로 편안함 그 자체일 것이다.

가끔은 아무 이유 없이 찾아와도 반갑게 맞아주는 사람, 나의 지친 마음을 눈치채고 "힘들지?"라고 말없이 어깨를 두드려주는 사람. 그런 사람이 되고 싶다.

내가 마주하는 사람들이 나를 만날 때만큼은 세상의 무게를 잠시 내려놓고 편안히 숨을 쉴 수 있었으면 좋겠다. 많은 사람에게 특별한 존재가 되지 않아도 괜찮다. 그저 단 한 사람이라도 "당신과 있으면 마음이 편안하다."고 말해줄 수 있다면, 그것만으로도 나의 삶은 충분히 의미 있고 아름다울 것이다.

누군가의 '편안한 사람'이 되기 위해서 가장 먼저 해야 할 일은, 나 자신부터 편안해지는 일이다. 내 마음이 바쁘고 불안한데, 다른 사람의 쉼터가 되는 건 불가능하다. 내가 느긋하고 편안한 마음을 가질 때, 내 곁의 사람도 나를 통해 평온해질 것이다. 그래서 오늘도 나는 스스로에게 되뇐다.

"조금 느려져도 괜찮아. 조금 부족해도 괜찮아."

이 말을 자꾸만 곱씹다 보면, 마음속에 작은 평화가 찾아든다. 그리고 내 안의 이 고요한 평화를 사랑하는 사람들과 함께 나누고 싶다. 그들이 나를 통해 위로받고 다시 웃을 수 있다면, 그것보다 더 큰 행복이 있을까.

사람에게 줄 수 있는 가장 아름다운 선물은 '편안함'이다. 나도 그렇게 누군가의 편안한 사람이 되고 싶다. 나를 만난 이들의 하루가 조금 더 따뜻해지고, 조금 더 가벼워지기를 소망한다.

결국 사람은 거창한 이유로 함께 하는 것이 아니라, 그저 마음이 편안해지는 사람 곁에 머물게 된다. 나 역시 누군가의 그런 사람이 될 수 있도록 오늘 하루도 따뜻한 미소로 살아가고 싶다.

인간관계에 상처받은 사람들에게 하고 싶은 말

"야, 너는 그러니까 안되는 거야. 이렇게 해봐."
"그렇게 글을 쓰니까 책이 팔리지 않는 거지."

몇 년 전 꽤 가깝게 지냈던 지인 몇 명이 있었다. 오랜만에 비슷한 또래면서 책과 글을 좋아하다 보니 금방 친해졌다. 12년 전부터 믿었던 사람들에게 배신당하고 나서 쉽게 친해지지 않았지만, 또 사람이 그리웠던 건지 그렇게 되었다. 나는 친해질수록 상대방에게 많이 맞추어 주고 퍼주는 스타일이다.

처음부터 허물없이 편하게 대해서 그랬는지 어느 순간부터 상대방이 나를 만만하게 본다. 나도 그럴 때마다 웃으면서 넘기고, 손해 보는 게 좋다고 생각해서 상대방을 배려했다. 어느 순간부터 나에게 이러면 되지 않는다 저렇게 해야 더 잘 된다고 선을 넘기 시작한다. 충고나 조언은 당연히 들을 수 있다. 하지만, 자신은 옳고 나는 잘못되었다는 식으로 몰아가니 더 들을 수 없었다.

나도 마음이 여려서 특히 친한 사람에게 잘하지 못했다. 그냥 계속 듣고 있으니 자신이 무슨 구세주인 마냥 행세하기 시작했다. 만나면서 몇 번 반복되자 더 이상 나도 참을 수 없었다. 나도 다 알고 있으니 그만 이야기하라고 단호하게 이야기하니 갑자기 화를 내더니 가버렸다. 이런 사람과 지금까지 내가 만나고 있었는지 지금까지 지내온 시간이 너무 아까웠다. 바로 관계를 끊었다. 나도 이럴 때는 꽤 냉정한 편이다.

그래도 내 마음속 상처는 남는다. 사람을 많이 만났지만, 오랫동안 관계를 잘 유지하지 못한다. 여전히 사람에 대한 상처가 커서 새로운 사람을 잘 믿지 못하는 이유도 있다. 또는 내 성격에 문제가 있어 스타일이 맞지 않을 수 있다. 많은 사람이 인간관계로 힘들어한다.

부부, 직장, 연인, 부모와 자식, 친구, 지인 등 이 세상을 살아가는 사람은 어떻게든 모두 관계가 형성된다. 관계로 인해 좋을 때도 있지만, 서로 상처를 주고받으며 아픔을 느낄 때도 있다. 오늘은 이렇게 관계에서 상처받은 사람들에게 내가 하고 싶은 말을 전하고 싶다. 나 자신도 해당된다.

첫째, 당신은 혼자가 아니라는 것을 명심하자. 대부분 사람은 어느 시점에 타인에게 상처받는다. 그러니 당신만 매번 그렇게 상처받는 유일한 사람이 아니라는 것을 기억하자. 누구나 사람에게 상처받고 배신당한다.

둘째, 나를 사랑하는 한 사람은 꼭 있다는 사실이다. 모두가 당신을 미워하지 않는다. 이 세상에 당신을 기억하고 존중하면서 사랑하는 사람은 주변에 한 명은 꼭 있다. 그런 사람에게 더 잘하면 된다.

셋째, 그 사람을 용서하되 잊지 말자. 당신을 다치게 한 사람을 용서한다고 해서 다시 화해하거나 관계를 복원하라는 의미가 아니다. 용서는 당신의 마음을 편하게 하고, 추후 그런 일을 반복하지 않으면 된다.

넷째, 이런 경험도 의미가 있다고 생각하면 된다. 아직 당신이 사람 보는 안목이 부족했다고 생각하면 된다. 경험을 통해 앞으로 만날 사람에게 좀 더 신중하게 다가갈 수 있다. 관계도 많이 경험할수록 자신에게 맞는 사람을 더 빨리 찾을 수 있다.

다섯째, 당신의 잘못이 아니다. 누군가가 당신을 심하게 대했다고 해서 당신이 이 세상에서 없어져야 할 원인 제공자가 아니다. 사람이 살다 보면 늘 일어날 수 있는 일이다. 매일 회사에서 나도 상사와 동료, 후배 등 관계로 인해 힘들 때가 있지만, 그 상황이 나쁘다고 생각하자.

아마 혼자 살지 않는 한 언제 어디서든 사람들과 만나면서 살아가야 한다. 분명히 누군가에게 상처를 주고받는 경험은 계속할 것이다. 나도 관계로 인해 많이 다치고 아파해 본 경험이 많다. 그럴 때마다 배운 건 자신부터 잘 챙겨야 하는 점이다. 나 자신부터 사랑하고 돌보다 보면 타인에 대한 이해심도 더 커진다.

오늘 혹시 사람에게 상처받았다면 위 5가지를 다시 한번 읽어보고 기억하자. 당신 자체만으로도 이미 존중받을 존재이니 이제 사람 때문에 그만 힘들어하자.

좋은 관계를 오래 유지하기 위해서는

"아! 진짜 너는 자꾸 왜 거짓말을 하냐? 진실하지 못해?"

"아니, 그게 아니라고 말했잖아?"

"핑계 대지 말고, 그냥 인정하라고. 아니다. 됐다. 몇 번 이야기하지 않아도 시간 약속을 지키지 않는 너를 신뢰할 수 없다. 그냥 연락 끊자."

약 10년 전 업무 때문에 만나 친하게 된 후배가 있다. 같은 엔지니어링 업종에 있던 사람인데, 서글서글하고 붙임성이 좋았다. 업무적으로 회의하고 몇 번 저녁 식사하다가 친해지게 되었다. 나보다 3살

아래였던 후배는 사적으로 '형님'이란 호칭으로 불렀다. 그렇게 잘 지내고 있는데, 사람이 다 좋을 수 없다. 그에게 한 가지 단점이 있었다. 바로 위 대화에서도 언급했던 것처럼 시간 약속을 잘 지키지 못했다.

발주처 사무실에서 중요한 미팅이 몇 번 있었는데, 그때마다 30분씩 늦었다. 발주처에서 한두 번 늦는 일은 이해했지만, 그 이상 넘어가자 참을 수 없었는지 다음 회의부터 참석하지 말라고 통보했다. 후배는 좀 당황했지만, 나는 충분히 이해할 수 있었다. 발주처가 행동하기 전 몇 번 내가 이야기했지만, 그는 지키지 않았다. 당연히 발주처와 그와의 신뢰는 이미 깨진 상태다. 시간 약속도 지키지 않는데, 어떻게 같이 끝까지 프로젝트를 끌고 갈 수 있을까?

나도 대여섯 번 그런 일이 반복되자 잔소리처럼 그에게 말했다. 아끼는 후배가 고쳤으면 하는 마음도 함께였다. 하지만, 그는 자신이 지각하는 행동에 대해 심각하게 인지하지 못했다. 결국 그와의 관계도 끊게 되었다. 좋은 관계가 유지되기 위해서는 가장 기본적인 믿음을 지켜야 하는데, 그 후배는 몇 번의 약속을 깨고 나니 더 이상 믿을 수 없었다. 당연히 관계가 오래 갈 수 없다.

사실 그 후배뿐 아니라 나도 마찬가지다. 결혼 후 아내와 아이들에게 많은 약속 했지만, 제대로 지킨 것이 별로 없다. 아내와 가장 많이 싸웠던 이유가 글 쓰고 강의하는 활동이 왜 육아와 가사보다 중요하냐는 문제였다. 본업에서 버는 돈이 많지 않다 보니 작가와 강사 활동을 하면서 많지 않지만, 가족을 위해 돈을 벌기 위한 목적이다. 가장의 책임을 다하기 위해 최선을 다하려고 했다.

아내는 돈보다도 아이들과 함께 시간 보내는 활동이 아빠의 역할로 더 중요하다고 설명했다. 듣고 보니 아이가 어릴 때 책을 읽어주고, 몸으로 놀아주는 시간을 같이 보내야 아빠와 애착 관계도 생기는데, 퇴근 후 매일 글 쓰고 강의한다는 이유로 그렇지 못한 건 사실이다. 아예 하지 말라는 것도 아니고, 시간을 배분해서 좋겠다는 아내의 제안에 흔쾌히 약속했다.

하지만 며칠 가지 못하고, 또 컴퓨터 앞에 앉아 있는 나를 발견한다. 몇 번 그런 일이 반복되자 아마도 아내는 나에 대한 믿음이 많이 떨어졌다. 올해 안 좋은 사건을 많이 거치면서 가족에게 참 많이 미안했다. 지금까지 무엇을 위해 글 쓰고 강의했을까 하는 회의감도 들었다. 가족과 시간을 제대로 보내지 못한 죄책감도 컸다. 이제는 글 쓰고 강의 활동도 많이 줄이고, 가족과 시간을 보내려고 노력하고 있다. 가족과의 관계가 오래 좋게 가기 위해서는 아내와의 약속을 실제로 지키기 위해 많이 보여주어야 한다.

내가 살아보니 좋은 관계를 오래 유지하기 위해서는 두 가지가 필요하다. 바로 '믿음'과 '일관성'이다. 어찌 보면 두 단어는 떨어져서 생각할 수 있지만, 관계에서 긴밀하게 연결된다. 서로 오래 신뢰를 쌓기 위해서는 한결같은 모습이 뒷받침되어야 한다. 일관성이 있어야 그 사람에 대한 믿음이 굳건해지고 그 관계가 오래갈 수 있다.

신뢰를 쌓기 위해 솔직하고 자주 소통해야 서로의 입장을 잘 이해하게 된다. 후배도 시간 약속을 지키기 위해 애쓰고 있지만 어렵다고 미리 귀띔만 해도 관계가 그렇게 끝나지 않았다. 아내와 아이에게 최선을 다하려고 하지만, 어쩔 수 없는 활동에 대해서 미리 소통하려고 노력한다.

오래 좋은 관계를 만나는 부부나 연인, 친구 등을 보면 한결같이 솔직하게 소통하면서 서로에게 잘 맞춘다. 물론 한결같이 서로에게 믿음을 주는 모습이 전제되어야 한다. 자신과 맞지 않다고 빨리 관계를 끊는 행동보다 좀 더 소통하면서 오랫동안 관계를 이어가는 노력도 필요하다.

멀어지는 사람들과 붙잡고 싶은 사람들

"왜 너는 답장이 없어? 우리 친한 사이 아니었어?"

지금은 많이 줄어들었지만, 마흔 살 이전 성향상 친한 사람에게 연락을 자주 하는 편이었다. 메시지를 보내면 꼭 답장을 해줘야 한다는 강박관념이 있었다. 특히 바로 답장하지 않으면, 그 사람과의 관계에 대해 다시 한번 생각했다. 나만 저 사람에게 최선을 다하고 있는 것은 아닌가? 상대방은 나에게 관심이 없는가? 하루 종일 스트레스 받았다.

2030 시절은 많은 사람에게 둘러싸여 있는 게 좋았다. 사춘기 시절

혼자 지내던 시절이 많다 보니 극도로 혼자 있기가 싫었다. 모두를 붙잡고 싶어서 하루도 빠지지 않고 매일 저녁 약속 잡았다. 월화수목금토 일요일을 제외하고 매일 저녁 친구, 지인, 선후배, 모임 사람 등 돌아가며 만났다. 술 한잔 기울이며 세상 돌아가는 이야기를 하는 자체가 좋았다.

하지만, 모든 사람이 나와 맞는 게 아니었다. 몇 번 만나다 보면 그 사람이 어떤 성향과 성격인지 파악할 수 있다. 진심으로 나를 위해주는 사람도 많았지만, 내가 가진 지식을 빼먹기 위해 이용하는 사람도 더러 있었다. 앞에서 친절하게 대한 척하면서도 뒤에서는 내 험담을 하는 사람도 발견했다. 혼자 상처받고 먼저 연락을 끊기도 했다. 어느 순간, 관계의 무게가 달라졌다.

한때는 하루라도 연락이 없으면 서운했고, 모든 관계를 지켜야 한다고 생각했다. 하지만 마흔 후반이 된 지금은 조금 다르다. 멀어지는 사람들을 억지로 붙잡기보다는, 자연스럽게 흐르는 대로 두는 것이 마음이 더 편할 때가 많다. 젊을 땐 사람이 많을수록 좋았다. 수많은 인맥, 끊임없는 약속, 바쁘게 오가는 관계 속에서 나의 존재를 확인했다.

하지만 시간이 지나면서 알게 되었다. 모든 관계가 영원할 수 없고, 어떤 인연은 소리 없이 멀어지는 것이 자연스러운 점이라는 것을. 멀어지는 사람들, 그리고 변하는 감정들. 살면서 많은 사람을 만난다. 그리고 그중 상당수는 어느 날 문득 우리 곁에서 사라진다. 한때는 자주 만나고, 깊이 이야기 나누던 사람들도 시간이 지나면 자연스럽게 연락이 뜸해진다.

마흔 전후로 독서와 글쓰기를 만나면서 다시 혼자 있는 시간에 집중했다. 매번 만날 때마다 나를 무시하고 뭐라 하는 사람부터 끊어내기 시작했다. 주변 상황이 달라진 점도 이유가 된다. 결혼하고 나니 미혼 사람들과 먼저 멀어진다. 가족이 생기면 예전처럼 서로 만나지 못하는 상황이 많아진다.

이렇게 시간이 지나면서 서로의 삶이 달라지고, 관심사가 변하고, 각자의 현실이 바빠지면서 그렇게 멀어지는 것이다. 처음에는 이해하지 못하고, 그게 서운했다. 왜 우리는 예전처럼 연락하지 않을까? 왜 예전처럼 가까워질 수 없을까?

그러나 이제는 안다. 모든 인연이 같은 속도로 함께할 수는 없다는 것. 가끔은 멀어지는 것이 서로에게 더 좋은 일일 수도 있다는 것. 이제는 억지로 붙잡지 않는다. 먼저 연락을 해야 하나 고민하는 시간도 줄어들었다.

　서로의 삶에서 자연스럽게 멀어진다면, 그 또한 관계의 한 모습이라고 받아들이기로 했다.

　붙잡고 싶은 사람들 그렇다고 해서 모든 인연을 쉽게 흘러보내고 싶은 것은 아니다. 멀어지는 사람들 사이에서도, 여전히 곁에 두고 싶은 사람들이 있다. 바쁜 일상에서 문득 떠오르는 사람, 연락하지 않아도 마음이 닿아 있는 사람, 그리고 몇 년이 지나 다시 만나도 어제 만난 것처럼 편안한 사람들.

　그런 사람들과는 다르게 행동하게 된다. 먼저 안부를 묻고, 작은 소식이라도 전하고, 때로는 만나기 위해 시간을 내본다. 누군가는 바쁘다는 이유로 관계를 미루지만, 정말 소중한 사람이라면 바쁜 일상에서도 짧은 시간이라도 내게 된다. 그게 우리가 관계를 지켜나가는 방법이 아닐까.

　이제는 관계를 바라보는 시선이 달라졌다. 떠나가는 사람을 붙잡으려 애쓰기보다는, 지금 내 곁에 있는 사람들에게 더 집중하기로 했다. 이미 멀어진 관계를 아쉬워하기보다는, 앞으로 함께할 사람들에게 마음을 쓰기로 했다. 모든 관계가 오래 지속될 필요는 없다. 하지만 서로가 소중하다고 느끼는 관계라면, 시간을 들여서라도 지켜야 한다. 그런 인연이 몇 명 되지 않더라도, 그 몇 명이 내 인생을 따뜻하게 해준다.

살아가면서 인연은 끊임없이 변한다. 멀어지는 사람도 있고, 가까워지는 사람도 있다. 그 과정에서 결국 남는 것은 내가 정말 아끼고, 나를 진심으로 아껴주는 사람들이다. 그래서 이제는 남아있는 인연에게 더 잘하려고 한다.

중년이 되었다면 조금 더 자주 안부를 묻고, 따뜻한 말 한마디를 건네고, 소중한 사람들이 떠나기 전에 내가 그들을 얼마나 아끼는지 표현하려고 한다. 멀어지는 사람을 억지로 붙잡을 필요는 없다. 하지만 붙잡고 싶은 사람이 있다면, 놓치지 않도록 마음을 다해보자.

5장

결국 곁에 남는 건 마음이 편한 사람들

노자가 말하는 인간관계 5계명

"오늘은 ○○와 즐겁게 놀았어. 또 ○○ 생일이라 선물도 주어야 해."

잠시 시간이 많아진 요즘 올해 8살 초등학생 막내에게 물어보면 이렇게 대답한다. 내 기준에서 초등학교에서 친구들과 노는 재미가 쏠쏠해 보인다. 똘망똘망한 눈으로 나를 쳐다보고 이야기하는 모습에 가끔 미소가 절로 지어진다. 아버지가 어린 시절 왜 그렇게 퇴근하고 나를 보고 웃었는지 이해가 된다.

이렇게 어린 시절부터 사람은 서로 관계를 맺기 시작한다. 사람은 원래 고독한 존재라고 하지만 평생 이렇게 살 수 없다. 인생에서 일어나는 모든 일이 사람과 사람과의 관계에서 나오기 때문에 어떻게든 관계를 이어가면서 살아야 한다. 유치원과 초등학교 저학년 시절은 부모와의 그늘막에서 자라다가 어느새 친구들과 관계를 중요하게 여기는 이제 중학생이 된 첫째 아이를 보면서도 많이 느낀다.

나도 마찬가지다. 원래 성향이 사람을 좋아하는 편이라 마흔 이전까지 매일 저녁 약속을 잡았다. 지인, 동료, 친구 등 따지지 않고, 무조건 먼저 연락해서 당일 시간이 되는 사람과 만나 회포를 풀었다. 그 사람 앞에서 고민이나 일상 등을 솔직하게 털어놓으면 나도 모르게 스트레스가 풀렸다. 그렇다 보니 많은 사람을 만나게 되었다.

모든 사람에게 잘하고 싶은 욕심이 있었지만, 그것이 잘못되었다는 사실을 깨닫게 되었다. 시간은 한정되어 있는데, 그들을 만나기 위해 매일 저녁 시간을 비웠다. 물론 사람들과 만나는 시간은 즐거웠다. 그 시간을 통해서 에너지를 얻었다. 모든 사람과 오래 관계를 지속하고 싶었지만 어불성설이었다.

오히려 서로 간의 이해관계가 맞지 않아 상처를 주거나 입히면서 관계가 오래가지 못하는 상황도 생겼다. 이런저런 인간관계 경험을 많이 하게 되면서 마흔 중반이 된 지금은 필요한 사람이 아니면 잘 만나지 않는다. 나이가 들면서 관계에서 받는 스트레스로 인해 오히려 혼자서 있는 시간을 즐기고 있다. 물론 가끔 외롭다고 느낄 때는 또 사람을 찾지만.

인간관계를 잘하고 싶다고 하는 사람이 많다. 나도 관계를 잘하지 못하는 사람이라 해결책은 책이나 강의에서 찾아보곤 한다. 데일 카네기의 〈인간관계론〉을 관계의 문제가 생길 때마다 읽는다. 필요한 부분만 찾아서 읽어보고 적용하면 해결이 되는 경우가 많았다. 오늘은 고대 중국의 유명한 노자가 이야기한 인간관계 5개명을 살펴보고 내 생각을 정리해 보았다.

첫째, 진실함이 없는 말을 늘어놓지 말자.
지금 생각하면 나도 진실함이 없는 말을 많이 했다. 눈치 보고 타인의 비위를 맞추거나 나보다 잘 나간다고 생각하는 사람을 추켜세운 적도 있다. 가끔 지나쳐서 상대방이 그만하라고 말까지 하니 부끄러운 생각이 든다. 말만 많고 약속을 지키지 않다 보니 나에 대한 신뢰를 못하는 사람도 분명히 있다.

둘째, 말 많음을 삼가라.

위 첫째로 언급했던 이야기에서 이어진다. 노자는 말이 많으면 실수한다고 지적했다. 충분히 공감한다. 나도 쓸데없는 말을 많이 했다. 새로운 사람을 만나면 굳이 하지 않아도 될 이야기까지 했다. 그것이 나중에 다시 돌아오게 될 줄 몰랐다. 필요한 말만 하고 오히려 입을 다무는 것이 중요하단 사실을 깨달았다. 참 늦게도 알게 된 진리다.

셋째, 아는 체 하지 말라.

자신이 아무리 많이 알고 있다 하더라도 가만히 듣고 겸손한 모습을 보이는 것이 좋다. 이 점은 나도 가장 경계하고 있어서 잘 지키고 있다. 자신이 진짜 모르는 것만 물어보고, 알고 있는 지식은 필요할 때 언급해도 무방하다.

넷째, 돈에 너무 집착하지 말라.

돈에 집착하는 편은 아니었지만, 결혼하고 나서 생활고에 시달리는 경험도 많이 했다. 이제는 돈은 꼭 있어야 하는 존재라는 생각이 들어 집착하는 편이다. 가장의 무게라는 점도 무시하지 못하는 이유도 있다. 하지만 노자는 너무 돈에 집착하면 돈의 노예가 될 수 있다고 경고한다. 나도 다시 한번 돈에 대한 집착을 버릴 수 있는지 고민해 보고자 한다.

다섯째. 다투지 말라.

감정이 격해져 가끔 상대방과 싸우기도 했다. 집에서 아이나 아내에게, 회사에서 상사나 동료와 그런 경험이 있다. 아마도 이 부분을 내가 가장 잘 못하다 보니 관계가 어색해 지거나 깨진 게 아닐까 싶다. 어떠한 상황에서도 좀 유연하게 대처할 수 있었을 텐데 라는 아쉬운 생각이 든다.

노자가 말한 인간관계 5계명을 보니 시대는 변했지만, 그 과거에도 인간관계의 본질은 변함이 없다. 위 5가지 계명 중 하나만 반대로 행동하면 관계가 좀 더 피로하지 않았을까? 일련의 사건을 거치면서 다짐한 게 있다. 쓸데없는 말을 줄이고, 필요한 말만 하기. 돈에 집착하지 말기, 싸우지 않기 등이다. 내가 가지고 있는 단점도 이유가 있으면 고쳐야 한다.

이 글을 읽는 당신도 혹시 위 5계명 중 몇 개나 해당하는가? 오늘은 자신의 인간관계를 한번 살펴보면서 상대방에게 잘하고 있는지 생각해 보자.

감사함이 없는 사람도 곁에 두지 말자

2021년 가을부터 4년째 작가가 되고 싶은 사람을 위해 〈황무지 라이팅 스쿨〉을 운영하고 있다. 글쓰기/책 쓰기 커뮤니티라고 보면 된다. 처음에는 종이책 출간 위주로 강의와 코칭을 진행하다가 재작년부터 전자책 쓰기 수업도 추가했다. 전자책은 종이책보다 분량이 적고, 자신이 가진 지식과 노하우 위주로 정리해서 기록하다 보니 누구나 쓰기 쉽다.

혼자 쓰는 것이 부담되는 사람은 함께 쓰는 공저도 같이 기획했다. 전자책 공저 프로그램도 운영한 지 2년이 넘었다. 작년 초 공저 프로

그럼에도 몇 사람이 참여했다. 오리엔테이션과 몇 차례 글쓰기 수업을 통해 초고 쓰는 법 등을 강의도 진행했다. 이제 초고만 쓰면 된다. 언제까지 기한을 주고 초고 작성 후 제출하라고 친절한 안내까지 마쳤다.

공저는 한 꼭지만 쓰면 되어 부담이 없다. 공저 진행하던 한 사람이 전자책으로 혼자 쓰고 싶다고 해서 같이 코칭도 병행했다. 주제를 정하고 목차도 직접 짜서 전달했다. 원고만 쓸 수 있게 내가 알고 있는 모든 방법을 알려주었다. 그도 잘 따라와 주었다. 생각보다 빠른 시간 내 전자책 등록까지 마칠 수 있었다.

이제 전자책 등록도 마쳤으니 나는 이 사람을 작가가 될 수 있게 도와주었다는 내용으로 내 블로그에 포스팅했다. 갑자기 그에게 전화가 왔다. 대뜸 왜 그런 글을 올렸냐고 물어본다. 목소리 톤도 상당히 날카로웠다. 나는 차분하게 내 수업에 와서 강의 듣고 코칭까지 해서 나온 전자책이니 당연히 후기 성과도 기록하고 홍보도 하는 차원에서 포스팅했다고 전달했다. 그는 무슨 소리냐고 내가 혼자 써서 낸 거지 황 작가가 한 게 뭐 있냐고 따져 묻는다.

너무 황당해서 말이 나오지 않았다. 상식적으로 주제와 목차도 내가 다 기획하여 전달했고, 몇 차례 강의와 코칭을 통해 원고 피드백과 전자책 플랫폼 등록까지 도와줬는데 무슨 말이냐고 같이 따졌다. 흥분하면 안 되는데, 나도 모르게 감정이 격해졌다. 그냥 막무가내로 홍보글을 내려달라는 그의 이야기를 무시했다. 연락처도 지웠다. 감사함을 모르는 사람이라 생각했다.

그에 상응하는 대가를 받고 나도 최선을 다해 내 시간을 투자했다. 아무리 바빠도 책 쓰기 수강생의 연락이나 메시지는 늦게라도 확인하고 어떻게 도울지 고민하고 답변한다. 그런 수고로움을 일일이 다 표현할 수 없지만, 그래도 자신을 위해 시간을 빼서 도와주는 행위에 대해 최소한의 감사함은 있어야 하지 않을까? 상식적인 사람이라면 누구나 그렇게 할 것이다.

배움을 좋아해서 여기저기 자기 계발 강의도 많이 들었다. 그 강의하는 대부분이 자신이 가진 지식과 경험을 바탕으로 아낌없이 수강생에게 나누어준다. 강의가 끝나면 나는 최대한 강사에게 감사함을 표현한다. 덕분에 잘 배워서 잘 적용해 보겠다고. 받는 것이 있으면 응당 주는 것도 있어야 하지 않겠는가?

제발 도움받고 나서 성과가 났는데, 그것을 자신이 다 해낸 것처럼 마냥 포장해서 떠벌리지 말자. 도움을 받았다면 도움을 준 사람에게 감사하다는 최소한의 인사는 하자. 은혜를 원수로 갚는 그런 어리석은 행동은 좋은 관계를 망치는 주범이다. 좋은 관계를 유지하려면 GIVE &TAKE는 기본이다. 지금 곁에 있는 사람들과 오래 만나고 싶다면 항상 주고 받는 것에 대해 감사하게 생각하자.

상대방을 바꾸는 일은 어렵다

결혼한 지도 내년이면 벌써 16년 차다. 시간이 참 빠르다. 약 30년 동안 각자의 인생을 살다가 만난 남자와 여자가 사랑하고 결혼한다. 연애 초기에는 서로 배려하고 장점만 보다가 점점 알아갈수록 서로의 단점도 알게 된다. 익숙해질 무렵부터 아내와 나는 사소한 것으로 다투었다. 싸움하지 않는 부부는 없지만, 신혼 초부터 부딪혔다.

양말을 뒤집어서 세탁기에 넣는 문제부터 가끔 술에 만취해서 늦게 들어오는 문제 등 나도 참 많은 단점을 가지고 있다. 여러 문제로 아내를 신경 쓰게 했다. 처음에는 좋게 이야기하다가 나도 계속 반복하다 보니 좋은 소리가 나가지 못한다. 당연한 소리다. 처음 말하고 고치면 되지만, 내가 그렇지 못하니 포기하게 된다.

아내가 잔소리하면 나는 또 듣기 싫어 집을 나갔다. 말싸움으로 이길 수 없으니 내 입장에서 도망치는 것이 최선이었다. 그런데 막상 또 나가면 갈 곳이 없다. 겨우 찾아낸 곳이 PC방이다. 혼자 1~2시간 게임 하다가 집에 몰래 들어갔다.

아내 입장에서는 자신 말이 끝나지 않았는데, 내가 갑자기 밖으로 나가니 자신을 무시한다고 느꼈다. 물론 나도 잘못했지만, 그렇게 잔소리를 들어야 하는 자체가 억울했다. 아내는 그냥 말하는 건데, 내가 듣기론 말투나 목소리가 너무 날카롭게 다가왔다.

그런 일이 반복되자 서로에게 실망하게 된다. 어느 순간부터 말을 하지 않게 된다. 나도 그렇게 된 이유는 꼭 싸움을 피하자는 이유도 있지만, 더 큰 목적은 "상대방을 바꾸는 일이 어렵다."라는 사실을 알게 되었기 때문이다.

이미 태어날 때부터 가진 성향과 자라오면서 겪었던 환경 등으로 인해 이미 자신만의 확고한 가치관이나 태도가 형성된다. 사람마다 느끼는 가치와 기준이 다르다. 다 똑같을 수 없다. 그러나 부부나 연인이 싸우다가 점점 더 큰 문제로 오해가 생기고, 최악 경우에는 이별이나 이혼하게 된다. 그렇게 된 가장 큰 이유가 상대방을 현재 내가 가진 기준에 맞추어 바꾸어 보려고 하기 때문이다.

좀 더 자세하게 상대방을 변화시키는 점이 어려운 이유를 정리하면 다음과 같다.

첫 번째, 위에서 언급했던 대로 사람의 행동은 자라오면서 근본적인 신념, 가치관, 삶의 경험과 밀접하게 연결되어 있다. 이미 갖춰진 자신만의 기준이 확고해서 뭐라고 해도 바꾸기가 어렵다. 변화시키기 위해서 상당한 자신만의 내부 동기가 필요하다.

둘째, 인간은 자율성을 중시한다. 누군가가 자신을 변화시키려는 시도를 자신을 통제한다고 받아들일 수 있다. 이러한 방어적 반응은 현재의 입장을 더 강화시켜 저항을 초래할 수 있다.

셋째, 외부 영향으로 변화를 촉진하거나 제안할 수 있지만, 진정하고 지속적인 변화는 내부의 의지가 필요하다. 개인의 자각이나 의지 없이 외부에서 유도한 변화는 피상적이거나 일시적일 수 밖에 없다.

결국 상대방을 바꾸는 일보다 가장 쉬운 방법은 "나를 바꾸는 일"이다. 상대방이 가지고 있는 원래 고유성을 인정하면서 좀 더 이렇게 해주면 좋겠다는 식으로 대화를 계속 하면서 맞추는 게 가장 좋다.

이제 결혼 16년 차가 되니 아내도 나도 예전처럼 서로의 차이점을 존중하면서 대화를 시도한다. 기분 나쁘지 않는 선에서 먼저 부탁하기도 한다. 관계를 계속 좋게 유지하기 위해서는 상대방을 바꾸는 일은 이제 멈추자. 그런 에너지를 나 자신을 바꾸는 일에 집중하자. 관계에서 나를 바꾸는 가장 좋은 방법은 첫째, 매일 마음 챙김을 실천하고, 둘째, 현재 관계에 대해 감사하며, 셋째, 만나는 사람에 대한 장점을 찾아보는 것이다.

부디 바뀌지 않는 상대방으로 인해 스트레스 받지 말고, 나부터 먼저 챙기고 바꾸어 보자. 좀 더 근사한 인간관계가 이어질지 모르니까.

인맥은 내가 잘되면 알아서 만들어진다

도시계획 엔지니어로 일한 지도 벌써 21년 차다. 어떻게든 벗어나고 싶었지만, 그래도 내가 그나마 익숙하고 잘할 수 있는 일이다 보니 여기까지 오게 되었다. 물론 중간에 같은 분야지만 다른 직군에서 근무하기도 했지만, 올해 다시 이직한 회사는 내가 처음 사회생활을 시작했던 분야와 같다. 돌고 돌아 다시 제자리로 왔다.

30대 초반 다니던 네 번째 엔지니어링 회사에서 팀장이 되었다. 직급은 과장이지만, 상사가 다 그만두는 바람에 빨리 팀장 역할을 하게 되었다. 사장님 바로 밑에 직급이었다. 어떻게 보면 과장이지만, 행동은 이사처럼 일을 했다. 다른 회사 미팅할 때 임원과 직접 접촉할 수 있었다. 그만큼 권한과 책임이 막중했다.

다른 협력업체는 나를 통해서야 같이 일을 할 수 있었다. 도시계획 분야는 환경, 교통, 재해 등 타 분야와 같이 협력하는 일이 잦다. 우리가 수행하는 프로젝트에 같이 참여하고 싶은 업체가 많았다. 그 당시 타 회사에 비해 일이 많다 보니 하루에 나에게 부탁하는 전화가 끊이지 않았다. 뭔가 대단한 사람이 된 기분이 들었다. 나는 그들 중 한 업체를 고르기 위해 일주일에 1~2회 정도 만났다.

그들은 프로젝트를 따기 위해 나에게 잘 보이려고 기를 썼다. 좋은 식당에 데려가 거기서 제일 맛있는 술과 음식을 시켰다. 같이 하면 잘할 수 있다고 어필했다. 기분이 좋아진 나는 같이 일하자고 말했다. 그렇게 여러 업체 임원을 알게 되었다. 그들과 같이 여러 프로젝트를 하게 되었다. 인맥이 갑자기 많아졌다. 1년 동안 그들과 일주일에 2~3회 정도 만나서 술 먹는 게 일상이 되었다.

그러다가 여러 외부 영향으로 건설 경기가 좋지 않게 되었다. 그 여파로 새로운 수주가 급감했다. 기존에 진행하던 프로젝트는 이미 기성금을 많이 받은 상태라 일이 끝나야 수금이 가능했다. 회사에 일이 줄어들다 보니 협력업체 임원들도 연락이 줄었다. 내가 먼저 전화해서 만나자고 해도 이리저리 핑계 대기 일쑤였다.

회사 사정도 급격하게 나빠졌다. 월급이 밀리기 시작했다. 사장님 다음으로 돈을 많이 받았던 내가 해고 1순위가 되었다. 사실 팀장처럼 행동했지만, 월급은 과장 직급에 맞게 받았다. 이쪽 업계가 건설 분야에서도 월급이 많지 않다. 대기업의 60~70% 수준이다. 많지 않던 월급까지 못 받게 되자 가계 경제에도 빨간불이 들어왔다.

결국 새로운 일을 따기 위해서 고군분투했지만, 내가 검토를 잘못하는 바람에 실패하자 해고당했다. 백수가 되니 거짓말처럼 그 많던 인맥의 연락이 끊겼다. 그래도 한두 명이라도 연락할 줄 알았는데, 그렇지 않았다. 철저하게 나는 혼자가 되었다.

글을 쓰고 책을 출간하는 작가가 되자 새로운 인맥이 만들어졌다. 같은 꿈을 가지고 있다 보니 금방 친해졌다. 쓰고자 하는 분야는 다르지만, 글쓰기라는 공통분모로 많은 사람을 알게 되었다. 이쪽 분야도 많은 사람을 알아 놓으면 도움이 될 것 같아서 하루가 멀다 하고 많은 모임에 쫓아다녔다. 그렇게 몇 년을 지내면서 나름 작가와 강사 인맥도 많이 만들었다고 생각했다. 하지만 그들이 생각한 것보다 내가 별로 도움이 되지 않자 하나 둘씩 연락을 끊었다. 지금은 이쪽 작가와 강사 모임에도 만나는 사람이 많지 않다. 인맥을 만들고 싶어 노력했지만, 돌아오는 것은 전부 상대방의 이익에 따라 관계가 결정되었다.

인맥을 많이 만들면 사업이나 업무가 잘 풀리는 것은 사실이다. 주변 사업을 하는 지인, 기업에서 이미 이사 이상 임원으로 근무하는 친구를 보면 인맥이 상당하다. 업무보다 그 인맥을 관리하는 시간이 더 많다. 하지만 매번 나를 만날 때마다 하는 이야기가 다 부질없다고 고백한다. 공감한다. 그들도 회사의 어떤 직급으로 인맥을 만들 뿐이다. 자신이 아닌 회사의 도움이 되기 위해.

인맥을 기를 쓰고 만들지 않아도 된다. 살아보니 자신이 노력해서 어떤 성과를 이루고, 꾸준하게 유지만 한다면 다시 인맥이 모여든다. 잘되면 사람이 모인다. 망하면 사람이 떠난다. 세상의 이치가 그렇다. 나도 내가 잘하는 분야에 몰입해서 성과가 나자 많은 사람이 찾아왔다. 자신이 잘하는 분야 한 개만 찾아 그것만 파고들면 전문가가 된다. 그것이 콘텐츠다. 자신만의 킬러 콘텐츠 하나만 있어도 인맥은 저절로 만들어질 것이다.

더 이상 관계에 목매달지 말자

"오늘은 누구한테 전화할까? 아! 찾았다."

퇴근 시간이 다가오자 나는 저녁에 만날 수 있는 지인이나 친구를 찾는다. 전화번호 목록을 보다가 오랫동안 보지 못한 한 사람을 지목했다. 그에게 전화한다.

"오늘 시간 어때요? 형님. 본지 오래되었는데, 한번 뵙고 싶어요."
"좋다. 오늘 안 그래도 울적했는데, 한번 만나자."

오늘은 아주 부드럽게 약속을 하나 잡았다. 이제 퇴근이다. 선배를 만나러 가는 발걸음이 가볍다. 회사 업무로 스트레스가 많아서 풀고 싶었는데, 잘 된 셈이다. 강남역 뒷골목에서 선배를 만나 늦게까지 회포를 풀었다.

사춘기 시절부터 집에 혼자 있는 날이 많았다. 전업주부로 살았던 어머니도 생계에 보탬이 되기 위해 일을 시작했다. 집에 돌아오면 아무도 없었다. 여동생은 친구와 노느라 바빴다. 나도 친구와 놀기도 했지만, 자주 그러지 않았다. 그래도 혼자 있으니 외로웠다. 다른 사람보다 더 지독한 외로움을 느꼈다. 옆에 뭔가 있어야 안심이 되었다.

사람 친구 말고 나와 동무가 되어준 것이 바로 영화였다. 비디오테이프가 유행하던 시절이다. 집 앞 비디오 가게에 가서 보고 싶은 영화를 하나 빌리곤 했다. 그 당시 참 많은 외화를 봤다. 가장 재미있게 본 영화는 지금도 가끔 돌려보는 샌드라 블록 주연 〈당신이 잠든 사이에〉다. 1990년대 중반 뉴욕 크리스마스 배경으로 한 로맨스 영화다. 샌드라 블록의 미소를 보면 같이 기분이 좋아졌다.

대학에 들어와서 혼자 있는 자체가 싫었다. 무슨 모임이 있다고 하면 무조건 달려갔다. 사람들이 모여서 이야기 나누면서 그 외로움을 달랬다. 내 옆에 있는 사람과 이야기 나누는 자체가 좋았다. 시간 가는 줄 몰랐다. 참 많은 사람을 만났다. 매일 학교에 가면 아는 사람이 많다는 사실이 자랑스러웠다.

지나가다 아는 선배나 동기, 후배를 만나면 반갑게 인사하고, 시간이 맞으면 밥 먹거나 술 마시러 가는 게 일상이었다. 지금도 군대 가기 전 대학 1~2학년 시절이 나에게는 특히 사람과의 좋은 추억이 많다. 나이가 들면서도 그 성격은 변하지 않았다. 외로운 것이 싫어서 사람을 찾았지만, 그게 아니었다. 성향 자체가 외향적인 부분이 더 많아 사람을 만나야 더 생기가 돌았다.

사람을 만나서 인연을 잘 유지했지만, 반대로 나는 모든 사람에게 잘 보이고 싶었다. 그러나 내 욕심이었다. 모든 사람이 나를 좋아할 수 없다. 분명히 싫어하는 사람도 있는데, 그 사실을 인정하지 못했다. 간과했다. 오히려 나를 싫어하는 사람에게 더 잘 보이려고 마음에도 없는 노력한 적도 있다. 부질없는 짓이었다. 이미 내 성향을 좋아하지 않은데, 어떻게 마음을 돌릴 수 있을까?

사람을 만나는 빈도가 잦아지자 그와 비례하여 상처를 받는 날도 많았다. 내가 잘못한 일도 아닌데 오히려 나를 가해자 취급을 당한 적도 있다. 바보같이 이용만 당하고 버려지기도 했다. 나이가 들면서 관계에서 이런저런 일로 상처를 많이 겪다 보니 대인기피증도 걸리고,

사람을 만나는 자체가 회의적이었다. 그때 알았다. 나이 들어 만나는 관계는 다 필요에 의한 만남이란 것을.

나와 맞지 않는 사람과 만나는 시간이 아까웠다. 낭비라는 생각이 들었다. 나도 인간관계 다이어트에 돌입했다. 원래 성향이 자주 지인이나 친구에게 먼저 연락하지 않는다. 다이어트 결과 이젠 가족과 몇몇 소수 지인, 친구만 남았다. 이젠 그들에게 더 집중하고 시간을 보낼 생각이다. 나머지 시간은 역시 회사 업무와 읽고 쓰면서 강의하는 등에 할애할 생각이다.

인간관계에 목매달지 말자. 관계가 좋다고 나까지 잘되지 않는다. 잘되는 순간에만 붙어 있다가 힘든 상황이 되면 모두 떠나는 게 인간이다. 마흔 후반이 되어 뼈저리게 깨닫게 된 사실은 내가 잘되면 다시 인간관계가 좋아진다는 것이다. 자기 실력을 키워 잘 나가면 알아서 다시 돌아온다. 이 세상에서 가장 친한 친구는 바로 나 자신이다. 거기에 가족이나 한두 명 정도 내 모든 것을 걸 수 있는 친구나 지인이 포함된다. 유한한 인생에 그들에게 더 시간을 할애하자. 내가 나아지면, 알아서 찾아온다. 그게 관계다.

의무감으로 누군가에게 자신의 시간을 내주지 말자

군 제대 후 생활비라도 내 손으로 벌고 싶어 아르바이트를 많이 했다. 그중 하나가 고깃집 서빙 일이다. 거기서 만난 한 선배는 오래 만난 연인이 있었다. 고등학생 시절부터 만나기 시작했고, 25살이던 나보다 2살이 더 많았으니 10년 넘게 애인과 만나고 있던 셈이다. 서빙 일을 알려주면서 처음 나에 대한 반감도 있었지만, 자주 허심탄회하게 이야기하면서 친해졌다.

어느 날 바쁜 점심시간이 끝났다. 잠시 휴식 시간이 생겨 테이블에 앉았다. 건너 테이블에 선배가 한숨 쉬는 모습이 보인다. 표정이 어두웠다. 무슨 일이 있는지 궁금했다. 선배에게 조심스럽게 물었다.

"무슨 일이 있으세요? 표정이 너무 좋지 않아 보여서요."
"아니, 여자 친구를 만나는 게 좀 부담스러워. 오래 만나다 보니까 자꾸 결혼 이야기도 나오고, 나는 이제 취업 준비하면서 아직도 아르바이트하고 있어서 준비된 게 없는데 말야."
"아, 여자친구가 자꾸 결혼 이야기해요? 참 대기업에서 3년째 일한다고 하셨죠?"
"맞아. 같은 고등학교 친구로 만났는데, 나 군대 간 사이 먼저 대학 졸업하고 자리 잡았거든. 나는 좀 더 준비하고 그 친구와 결혼하고 싶은데 말이야. 그것보다 더 큰 문제는 이제 그 친구가 너무 편해졌는지 좋아하는 마음보다는 의무감으로 더 만나는 것 같아."

의무감으로 만난다? 라는 이야기를 들으니 생각이 많아졌다. 그 당시 나도 누군가를 만날 때 의무감으로 만나고 있었는지 궁금해졌다. 20대 중반의 나는 매일 밤 누군가를 만났다. 친구, 선배, 지인 등 가리지 않고 약속 잡고 술 마시면서 이야기 나누었다. 외로움을 달래기 위한 방편이었지만, 사람을 만나 서로 이야기하고 듣고 하는 자체가 좋았다.

그렇게 만나다 보면 그중 좀 더 편한 사람과 가까워진다. 자주 만나게 된다. 솔직한 이야기가 오고 가면서 관계가 깊어진다. 가까워질수록 그 사람의 단점도 눈에 들어오게 된다. 그래도 자신과 맞는 장점만 보고 계속 만남을 이어간다. 연인이나 친구 사이 등 어떤 관계도 상관없다. 관계가 가까워지면 만남도 잦아진다. 그러다가 어느 순간 그 사람의 장점보다 단점이 많이 보이게 되면 의무감으로 만나게 되는 경우가 생긴다. 의무감을 가지고 만나게 되면 다음과 같은 효과가 발생한다.

첫째, 감정적 단절이 생긴다. 의무 때문에 단절감을 느끼기 쉽다. 감정적으로 서로에 대한 투자가 부족해진다. 한쪽에서 일방적인 감정만 전달되다 보니 서로 대화나 상호 작용에 대해 피상적이거나 성실하지 않게 느껴질 수 있다.

둘째, 서로 간의 유대 관계와 열정이 부족해진다. 점점 만남의 횟수가 줄어든다. 상대방에 대한 열의가 부족하다는 것을 조금씩 알게 된다. 편안함보다 어색함이나 긴장으로 이어질 수 있다.

셋째, 관계의 끝을 생각하게 된다. 의무감으로 만난다는 것 자체를 상대가 알게 되면 이제 나를 소중하게 여기지 않는다고 느낀다. 이 사람과 더 만나야 할지 관계를 끝내야 할지 고민을 하기 시작한다.

의무감으로 만난다고 생각이 들면 서로 각자의 시간을 갖자. 아마도 처음 만나 호감을 가지고, 관계가 깊어지면서 느꼈던 마음을 다시 찾아야 한다. 관계는 끊지 말고, 자신만의 일상을 열심히 영위하면서 가끔 연락하면서 유지하는 게 좋다. 어느 시점이 되면 또 그만한 사람이 없었다는 사실을 깨닫는 시기가 온다. 결국 남는 사람은 시간에 상관없이 자신의 인생에 계속 남게 된다.

혹시 계속 의무감으로 만나는 사람이 있다면 단호하게 만남의 횟수를 줄이고, 자신만의 일상에 집중하자. 관계는 적당한 거리를 유지해야 오래갈 수 있고, 열정도 생긴다.

이런 사람이 옆에 있으면 관계를 빨리 그만두자

몇 년 전 한 자기 계발 모임에 간 적 있다. 새로운 사람을 만나는 일이 즐거웠다. 설레는 마음으로 회사 퇴근 후 모임 장소로 이동했다. 아는 사람도 있지만, 처음 보는 사람이 더 많았다. 시간에 맞춰서 가다 보니 구석 자리만 남아 있었다. 서둘러 앉았더니 처음 보는 사람이 미소 지으며 인사했다.

"반갑습니다. ○○○입니다. 지금 ○○ 콘텐츠로 강의 중이고, ○○○ 교육원을 운영하고 있습니다."

"안녕하세요. 처음 인사드리겠습니다. 직장 다니면서 글 쓰는 황상열입니다."

서로 다른 분야의 일을 하다 보니 할 말이 많았다. 이런저런 이야기를 나누다 보니 좀 더 친근하게 느껴졌다. 1시간 정도 지나자 모임이 끝났다. 그가 아무래도 같이 할 일이 있다고 잠깐 따로 보자고 해서 자리를 옮겼다. 나도 뭔가 같이 할 수 있다는 말에 귀가 솔깃했다. 근처 맥주 가게로 자리를 옮겼다. 맥주 한 잔을 따르면서 그가 말했다.

"제가 사실은 김미경 강사님이나 김창옥 강사님 등 유명 강사들을 아주 잘 알아요. 내가 황 작가님 연결해 줄게요. 자 김미경 강사님과 찍은 사진 참 많죠?"
"와! 진짜 멋지시네요. 저도 진짜 만나보고 뭔가 같이 할 수 있는 건가요?"
"그럼요. 황 작가님 정도면 그분들도 좋아할 겁니다."
"감사합니다. 기회 만들어 주시면 잘해 보겠습니다."
"제가 한 달 내로 연락해서 알려드릴게요."

화기애애하게 이야기 나누고 헤어졌다. 한두 달이 지나도 연락이 없다. 그래도 기대했던 터라 결과도 궁금하고 해서 먼저 연락했다. 전화를 받지 않았다. 바쁜가 보다 해서 저녁에 다시 연락했다. 또 받지 않았다. 문자 남겼다. 결과도 궁금하고 어떻게 지내시는지 안부 차 연락했다고.

다음 날 전화가 왔다. 대뜸 왜 연락했냐는 식으로 목소리가 퉁명스럽다. 듣자마자 당황했다. 지난 모임에서 뵙고 반갑기도 했고, 김미경 강사나 김창옥 강사처럼 유명한 사람과 뭔가 같이 할 수 있는 기회도 있으니 뭔가 혼자서 계속 준비하는 중이라고 이야기했다.

내가 언제 그런 이야기 했냐고 소리친다. 내가 그들에게 당신을 소개해도 아는 척이라고 하겠냐고 하는데, 어이가 없다. "제가 소개해 달라고 했습니까? 대표님이 먼저 이야기 꺼내놓고 갑자기 말이 바뀌시는지 모르겠네요. 알겠습니다." 라는 말로 그냥 끊어버렸다. 연락처도 지웠다. 마음이 좀 싱숭생숭했다.

그 이후로 자신이 유명 인사 누구와 친하다, 친분 있다고 하는 사람을 만나면 경계하게 되었다. 거꾸로 나도 다른 사람에게 그런 적은 없는지 돌아보게 되었다. 나 누구와 엄청 친하고, 잘 아는데 하는 사람 치고 알맹이는 없고 껍데기만 있는 상황을 많이 봤다. 그렇게 친해지면 내가 가지고 있는 것을 오히려 훔쳐 간다. 그래 놓고 자신이 만든 새로운 콘텐츠라고 홍보하고 자랑하는 꼴을 보면 가관이다. 이런 사람이 옆에 있으면 빨리 관계를 그만두자.

　내가 사람 보는 안목이 없었다. 사람을 잘 볼 줄 아는 안목이 참 중요한데, 여전히 사람을 좋아하다 보면 그 사람의 본질을 잘 보지 못한다. 사람을 보는 안목을 기르기 위해서는 어떻게 해야 할까?

　첫째, 말하기보다 더 많이 듣는다. 누구를 만나면 사람들이 말하고, 행동하는 것을 잘 들어보자. 말을 적게 하고 상대방의 말을 잘 들을수록 그 사람의 성향을 잘 파악할 수 있다. 둘째, 상대방의 행동을 관찰하자. 행동이 말보다 그 사람의 진짜 성격을 잘 보여준다. 사람에게 어떻게 대하는지 잘 지켜보자. 셋째, 어떤 상황이나 사람에 대해 어떻게 생각하는지 질문을 던져보자. 상대방의 대답을 들어보면 그 사람에 대한 성향 파악이 좀 더 쉬울 수 있다.

　행동은 하지 않으면서 말만 많은 사람도 멀리해야 한다. 상황에 따라 사람을 대하는 방식이 다른 사람도 손절하는 것이 좋다. 관계라는 것이 사람마다 다 받아들이는 경우가 다르다. 각자의 방식에 맞게 사람을 보는 안목을 먼저 길러보자. 좋은 사람만 만나도 모자란 인생이다.

나이가 들수록 내 사람이 적어지는 이유

    2025년 3월 어느 날 생각보다 업무 출장이 빨리 끝났다. 시간이 좀 남아서 서울에 올라오는 길에 지인이나 친구를 만나고 싶었다. 오랜만에 스마트폰을 열고 연락처 목록을 확인했다. 물끄러미 연락처를 넘기다 보면, 어느새 수백 개의 번호가 남아 있지만 정작 통화 버튼을 누를 곳은 손에 꼽는다.

    10분 정도 넘기다가 이 사람에게 오랜만에 연락할까 하지만, 망설이게 된다. 결국 자주 만나는 친구에게 다시 전화를 걸었다. 바쁘다고 다음에 보자고 한다. 스마트폰을 닫고 다시 지하철을 타기 위해 서둘러 이동했다. 혼자서 밥 먹고 그냥 잠이나 자는 것으로.

옛 친구들, 한때 자주 연락하던 동료나 지인들, 그렇게 정겨웠던 선후배들까지 시간이 흐르며 자연스럽게 연락이 끊긴다. 무언가 특별히 잘못한 것도 아닌데, 그렇게 '내 사람'이 하나둘씩 줄어든다. 문득 돌아보면 주변엔 정말 친한 몇 안 되는 이름만 남아 있다.

2030 젊은 시절엔 마치 모든 사람에게 잘해야 하고, 지내는 것이 미덕인 줄 알았다. 낯가림도 심하지 않아 낯선 사람들과도 금세 친해졌다. '넓은 인맥'이라는 말에 괜한 자부심까지 느끼며 살았다. 그러나 이제는 알 것 같다. 사람은 나이가 들수록 자신만의 색깔과 향기가 짙어지고, 고집이 생기다 보니 누구와도 어울릴 수 없는 존재가 된다는 것을. 각자만의 삶이 너무나 뚜렷해지고, 방향이 달라져 서로 맞춰가는 일이 점점 힘들어진다는 사실을.

사실 인정하기 싫었지만, 부의 격차에 따라 관계가 달라진다. 돈을 잘 버는 친구들끼리 자산이 얼마냐고 공유하는 이야기를 들으면 자괴감이 느껴지기도 했다. 나도 나름대로 돈을 잘 벌고 싶었지만, 그렇지 못했다. 초라해지는 나 자신을 보고, 그들과 왠지 모를 이질감을 느꼈다. 나이가 들어가며 나도 비슷한 등급의 사람을 만나게 된다.

나이가 들수록 사람은 깊어진다. 한마디 말을 하기 위해 더 신중해진다. 상대의 사소한 말과 행동에도 민감해진다. 말 한마디 잘못했다가 서로의 가슴에 큰 멍을 새긴다. 과거에는 넘어갔던 작은 상처들이 이제는 가슴 한편에 오랜 시간 머물곤 한다. 그런 상처들을 반복하기 싫어 자꾸만 자신을 감추고 벽을 친다. 서로 상처 주고받기 싫어 관계 정리가 빠르다. 그렇게 사람들 사이에 거리를 두는 일이 익숙해진다. 관계의 폭은 점점 좁아지고, 혼자 있는 시간이 많아진다.

누군가는 외롭지 않냐고 묻는다. 그런데 신기하게도 꼭 그렇지만은 않다. '내 사람'의 숫자가 줄어든 대신, 이젠 나를 온전하게 이해하고 남아 있는 몇 명에게 내 마음을 온전히 주고받는 경험을 하게 된다. 수십 명과 가벼운 대화를 나누던 때와는 달리, 진심이 통하는 몇 사람과의 교류는 그 자체로 마음을 따뜻하게 한다.

또 나이가 들면 서로에게 바라는 것도 줄어든다. 기대가 사라지니 오히려 관계는 편안해진다. 연락이 자주 없다고, 자주 만나지 못한다고 해서 금세 서운해하거나 서둘러 인연을 정리하지 않는다. 오랜만에 만나도 어색하지 않은 사람이 진짜 '내 사람'이라는 걸, 이제는 안다.

가끔은 이렇게 줄어든 인연이 마음 한편 아프기도 하다. 특히 예전에 함께 꿈꾸고 웃으며 서로를 위로했던 사람들의 이름을 떠올릴 땐 그리움이 짙게 밀려온다. 하지만 그런 사람들과 다시 연락을 이어본다 한들, 이미 각자의 삶은 너무 달라져서 오히려 어색함만 남게 될지도 모른다. 어쩌면 우리는 자연스럽게 서로의 인생에서 흐르는 강물처럼 멀어질 수밖에 없었는지도 모른다.

그러나 이런 쓸쓸함도 그리 나쁘지 않다. 많은 사람과 얕게 지내는 것보다, 소수의 사람과 깊게 지내는 삶이 더 따뜻하고 충만하다는 걸 이제는 알기에. 나이가 들수록 관계는 단순해지고, 단순해질수록 더 투명해진다. 그리고 이 투명한 관계 안에서 우리는 비로소 진정한 위로와 사랑을 발견한다.

지금 곁에 남아 있는 적지만 소중한 내 사람들에게 더욱 잘하겠다고. 결국 나이가 든다는 것은 더 많은 사람을 곁에 두는 것이 아니라, 더 깊은 사람을 곁에 두는 일이니까. 중년의 인간관계는 더하기가 아니라 빼는 것이 중요하다고 조용히 다짐해본다.

같이 늙어간다는 친구가 있다는 축복

며칠 전 퇴근 저녁 오랜만에 대학 동기를 만났다. 대학 다닐 때는 친하지 않았지만, 사회에 나와 우연히 두 곳의 회사에서 몇 년 동안 같이 근무하면서 친해졌다. 재작년 말까지 같이 있다가 나의 희망퇴직으로 떨어지게 되었다. 퇴근 후 서울의 한 고깃집 문을 열자 그가 반갑게 맞아준다.

원래 말수가 적은 친구다. 표정 변화도 거의 없다. 묵묵히 자신에게 주어진 일을 깔끔하게 처리하다 보니 많은 사람에게 신뢰를 준다. 감정 기복이 심했던 나와는 반대 성향의 친구다. 요새 회사 조직 개편으로 인해 표정이 어두웠다. 위로 차원에서 나갔지만, 워낙 자신 속내를 잘 드러내지 않아 내 이야기만 또 계속하게 되었다. 이제 내가 술까지 끊자 혼자 마시는 술은 재미없다는 그의 말에 잠시 미소 짓는다. 그 지내온 세월이 벌써 30년이 다 되어간다.

작년 가을 오랜만에 초등학교 동창들을 만났다. 내가 전학 가기 전 학교 친구다. 같이 운동하고 게임하며 지냈던 나에게 참으로 소중한 죽마고우다. 먹고 사는 게 바쁘다 보니 1년에 1번 만나자는 약속도 지키지 못했다. 5년 넘게 못 본 적도 있다. 일하고 글 쓰고 강연한다고 바쁘다며 매번 나가지 않았던 내 잘못이다.

약속한 식당에 나가니 얼굴은 어릴 적 그대로다. 세월만 지나 주름이 좀 보인다. 이젠 50을 바라보는 나이가 된 중년이다. 그들 나름대로 다들 자리 잡고 잘 사는 모습을 보니 멋져 보였다. 가끔 그런 생각이 든다. 어릴 적 사진 속 그 아이와 지금의 내가, 과연 같은 사람일까?

운동화를 신고 뛰놀던 시절, 도시락 뚜껑을 열고 나눠 먹던 김치 한 조각이 그렇게 맛있을 줄 누가 알았을까. 그때 곁에 있던 친구가 여전히 내 옆에 있다는 것, 그것이 얼마나 큰 축복인지 나이가 들수록 더욱 깊이 느껴진다.

시간은 무심하게 흘렀다. 서로의 얼굴에 주름이 늘어나고, 말보다 눈빛으로 더 많은 것을 주고받게 된 지금. 젊음의 한때를 함께한 친구가 있다는 건, 내가 지나온 시간을 함께 기억해주는 증인이 있다는 뜻이다. 지나고 보니 참으로 많은 세월이 지났다.

그 죽마고우들, 대학 동기들 등 나는 많은 것을 공유했다. 사랑의 설렘과 이별의 눈물, 사회에 첫발을 내딛던 날의 긴장과 설렘, 가족을 꾸리고 부모가 되어가는 과정, 그리고 이제는 서로의 자녀 이야기에 고개를 끄덕이며 웃는 시간까지. 그 모든 순간이 모여 지금의 우리가 있다.

나이가 점점 들면서 그런 친구들도 하나씩 사라지고 떠난다. 하지만 결국 남을 사람은 끝까지 남는다. 그런 친구 몇 명만 있어도 성공한 인생이라 한다. 이제는 에너지와 체력이 많이 떨어져 그 많은 사람을 다 만날 수 없다. 자신이 정말 좋아하고 편안한 사람만 만나도 아까운 시간이다. 또 그 시간을 혼자서 알차게 보낼 수 있다.

그런 친구들과 함께 늙어간다는 건 단순히 나이를 먹는다는 것이 아니다. 서로의 인생에 조용히 스며드는 것이다. 힘든 날엔 말없이 옆에 있어 주고, 좋은 날엔 진심으로 기뻐해 주는 사람.

우리가 말하지 않아도 서로를 이해할 수 있는 이유는, 그 오랜 시간 속에 쌓인 신뢰와 기억들이 있기 때문이다. 모임에서 만날 때마다 한 친구가 말했다.
"야, 우리 언제 이렇게 나이가 들었냐? 벌써 마흔 후반이라니"
나는 웃으며 말했다. "같이 늙어서 다행이야. 혼자 늙는 것보다 훨씬 낫잖아."

그래서 나는 오늘도 고맙다. 시간이 지나도 여전히 내 곁을 지켜주는 그 친구에게.
우리의 걸음은 느려졌지만, 마음은 더 단단해졌고, 서로를 향한 우정은 더 깊어졌다.
세상은 끊임없이 변하고, 많은 사람이 스쳐 지나간다. 하지만 끝까지 함께 걸어주는 단 몇 사람. 같이 늙어가는 친구가 있다는 건, 인생이라는 긴 여행에서 만난 가장 큰 축복이다.

에필로그
관계도 삶도 빼기가 필요한 순간이 온다

살면서 참 많은 사람을 만났습니다.

가깝게 지내려 애썼습니다. 잘 보이려고 노력했습니다. 때로는 억지로 웃기도 했습니다.

그러다 어느 순간, 문득 이런 생각이 들었습니다.

'나는 왜 이렇게 지쳤을까?'

나이가 들수록 관계가 줄어드는 이유는 어쩌면 자연스러운 이치일지 모릅니다.

우리는 더 이상 사람에 둘러싸여 있는 것보다,

내 마음이 편한 사람 하나와 조용히 커피나 술 한 잔을 나누는 것을 소중하게 여깁니다.

더 많이 알고, 더 넓게 지내는 것이 능력이던 시절은 지났습니다.
이제는 무엇을 덜어낼 것인가에 대해 고민하게 됩니다.
이 책에서 내가 가장 강조하고 싶었던 메시지는 단순합니다.

첫째, 모든 관계를 붙잡지 않아도 괜찮다는 것.
인연은 시절마다 다르고, 자연스럽게 떠나가는 사람은 놓아도 됩니다. 억지로 이어가는 관계는 결국 내 마음을 병들게 합니다.

둘째, 관계는 '적당한 거리'가 있을 때 오래간다는 것.
서로가 서로를 존중할 수 있는 거리가 존재합니다. 너무 가까이 다가가면 숨이 막히고, 너무 멀면 소통이 사라집니다. 온기를 느낄 수 있을 만큼의 거리, 그것이 우리가 지켜야 할 관계의 온도입니다.

셋째, 결국 곁에 남는 건 '마음이 편한 사람'이라는 것.
많은 사람보다 소중한 한 사람, 나를 평가하지 않고 있는 그대로 봐주는 사람, 그런 인연이 있다면 우리는 이미 충분히 잘 살고 있다고 판단하면 됩니다.

중년이 되니 삶의 태도도 많이 달라졌습니다.

이제는 덜어내는 일이 두렵지 않습니다.

관계도, 삶도, 욕망도 가끔은 내려놓아야 진짜 나다운 하루를 살 수 있습니다.

가끔은 '적당히', 그리고 '천천히', 그렇게 살아가는 중입니다.

이 책을 마무리하면서 그동안 내 곁을 스쳐 갔던 모든 인연들에게 고맙다고 또 죄송하다고 말하고 싶습니다. 때론 나를 웃게 했고, 때론 울게도 했지만 결국 지금의 나를 만들어준 사람들입니다.

그리고 지금 이 책을 읽고 있는 당신에게 진심 어린 마음으로 전합니다.

지금까지 잘 버텨와 주셔서 고맙습니다. 당신의 중년이 더 가벼워지고, 더 따뜻해지길 바랍니다.그리고 이 책이 당신의 삶에, 관계에 작은 쉼표 하나가 되기를 진심으로 바랍니다.

당신과 친구가 되고 싶은
작가 황상열 드림

비평

타자와 주체의 간극
-황상열의 존재론

김지연
(rainbowings@nate.com)

　경쾌한 문체로 일상성과 삶의 산책로를 서술했던 황상열 작가의 신작이다. 이 책은 관계성에 대한 담론을 함축하고 있다. 혼자 살아갈 수 없는 인간이 혼자 살아가야 하는 현실의 이중성 속에서 주체의 존재론적 탐구로 이어지는 연장선 상에 있는 사유이다.
　대인관계에 대한 고민은 모든 인간의 과제이다. 존재는 본질적으로 타자를 희구하고 이는 타자에 대한 소유와 통제, 대립과 길항으로 현현된다. 이는 열정이라는 이름으로 자행되는 미성숙함의 단면이다. 대인관계에 대한 고민은 결국 주체의 존재론적 사유로 연결된다.

타자의 부재는 결국 주체의 소외가 아닌 인생의 의미로써 구현되는 것이다. 따라서 모든 타자와의 결렬은 인생의 의미를 새기는 질료로써 기능할 가능성을 확보한 셈이다.

중요한 것은 감정이다. 객관화된 사실보다도 어떠한 정서가 주류를 이루는지가 관건이다. 고립되기 싫어서 대인관계를 산포적으로 이루어나가려고 하지만 그 속에 진정성과 신뢰가 바탕이 되지 않으면 피로한 관계망에 스스로 얽힐 뿐이다. 황상열의 글쓰기는 맺고 끊음에 이성적으로 대처하고 대화 또한 그러한 맥락에 있으며 끊어진 인연도 다시 이어 붙이는 유연성을 가지고 있다. 작가는 잉여 감정의 축적을 배격하길 권장한다.

황상열이 타자와 주체와의 공간에 시간성과 거리, 언어를 제안한다. 이는 주체와 타자의 간극을 대리보충하는 기제로 작용한다. 이때 시간성의 '중년'이다. 중년은 인간의 성숙함의 중심에 있는 시간적 위치를 의미화한다. 거리는 주체와 타자, 타자와 타자들 간의 심리적 거리로 발로되었다. 작가는 그 거리의 주관성을 존중하면서 두려워하지 말 것을 권고한다. 또한 주요 소통의 도구인 '언어'를 글과 말로 분리하면서, 대인과의 관계뿐만 아니라 자기 자신과의 관계를 재구성하는 기제로써 활용한다. 황상열은 인간과 인간은 잇는 인맥이라는 관계성의 느슨함을 해체하면서 중요한 것은 '인간의 마음'임을 환기하고 있다.

인간이 방황해야 할 이유는 산재해 있다. 황상열의 글쓰기는 인간의 삶의 무게감을 줄이는데 기여한다. 해결되지 못한 고민은 심연으로 진입하고, 원인과 결과 조차 잠식될 정도로 깊은 감정에 사로잡히는데, 이는 감정적 소모에 이어질 수 있으므로 황상열은 '가벼워지고 산뜻해지라'고 조언한다. 그래야 인간 특유의 온기를 지킬 수 있으며 내일을 살아갈 수 있도록 스스로를 재생시킬 수 있기 때문이다. 이처럼 황상열 특유의 섬세함과 내밀함은 보편 심리의 허를 찌르며 일상을 공명한다.

황상열의 존재론에서 두드러진 것은 유동성이다. 그의 활자에는 고정적인 세계를 그리지 않는다. 사람들이 드나들고 공간이 변화하면 끊임없이 변화한다. 이러한 유동성은 인간으로 하여금 선택의 폭을 넓힘으로써 자유를 확대한다. 이러한 세계의 가변성과 주체의 본질은 대조적으로 나타난다. 주체 역시 세계 속에서 변화를 감지하고 적응하며 스스로를 수정하고 변형하지만, 이는 자신만의 본질을 체화하기 위한 과정에 있는 것이다. 이러한 경험을 통해 생에 대한 통찰은 후숙되기에 이른다. 이 책에서 드러난 관계성의 미학은 삶에 대한 시선을 보다 폭넓게 확장하는데 일조할 것이다.

거리를 두었더니, 마음이 가까워졌다

초판 1쇄 발행 | 2025년 9월 23일

지은이 | 황상열
펴낸이 | 김지연
펴낸곳 | 마음세상

출판등록 | 제406-2011-000024호 (2011년 3월 7일)

ISBN | 979-11-5636-643-0 (03810)

원고투고 | maumsesang2@nate.com
블로그 | blog.naver.com/maumsesang

* 값 18,000원